Y2 39202

Paris
1833

Goethe, Johann Wolfgnag von

Werther

Tome 1

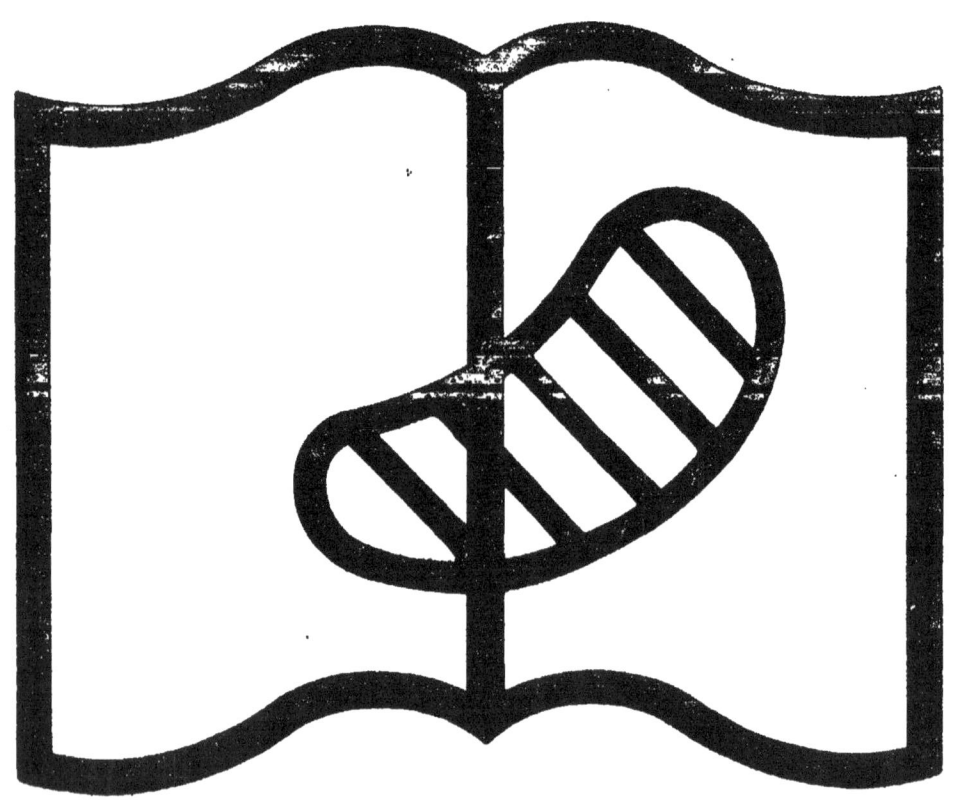

Symbole applicable
pour tout, ou partie
des documents microfilmés

Original illisible

NF Z 43-120-10

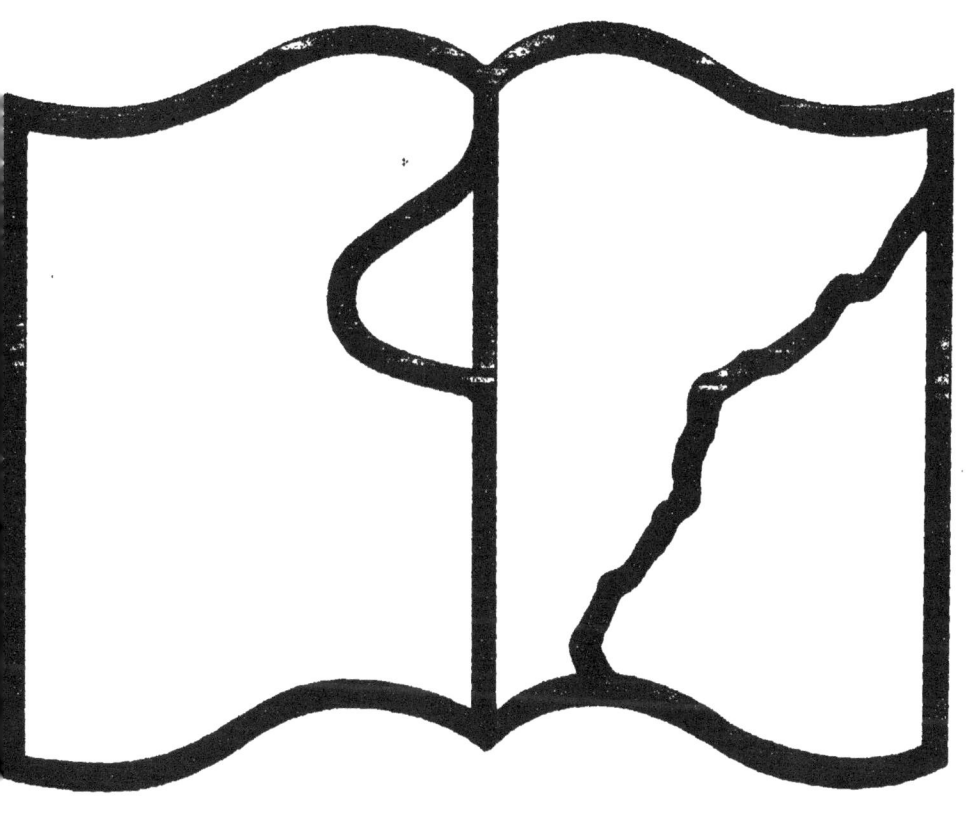

Symbole applicable
pour tout, ou partie
des documents microfilmés

Texte détérioré — reliure défectueuse

NF Z 43-120-11

GOETHE.

PARIS. — IMPRIMERIE DE CASIMIR,
rue de la Vieille-Monnaie, n° 12.

WERTHER.

Tome Premier.

A PARIS,

CHEZ LEDENTU, LIBRAIRE,
QUAI DES AUGUSTINS, N° 31.

DAUTHERAU, LIBRAIRE,
RUE RICHELIEU, N° 17.

1833.

NOTICE

SUR LA VIE ET LES OUVRAGES

DE GOETHE.

Jamais peuple ne fut peut-être aussi long-temps exclusif dans ses croyances littéraires que le peuple français. Les chefs-d'œuvre de l'Allemagne étaient dévorés en Angleterre, qu'ils étaient encore chez nous l'objet d'une dédaigneuse indifférence. *Werther* seul faisait exception à la règle ; encore le nom de son auteur restait-il à peu près ignoré. On ne se doutait pas qu'au-delà du Rhin il existât un génie vaste, supérieur, flexible, qui avait étendu la sphère des lettres, et renouvelé la prodigieuse fécondité de Voltaire.

Il appartenait à une femme de nous révéler ce précieux trésor. C'est à madame de

Staël, c'est à son tableau de l'Allemagne que nous devons la connaissance de cette brillante littérature du Nord, aux mystères de laquelle elle avait été initiée, et celle du grand écrivain qui, dotant son pays d'ouvrages originaux dans presque tous les genres, a donné des modèles et des lois au Parnasse germanique.

Jean Wolfgang Goethe, né à Francfort-sur-le-Mein, le 28 août 1749, est aujourd'hui dans sa soixante-dix-huitième année (1). Son père, ancien jurisconsulte, marié à la fille aînée du président du sénat, tenait un rang honorable parmi ses concitoyens. Ami des lettres et des arts, il se dévoua tout entier à l'éducation de ses deux enfans, Goethe et Cornélie, depuis madame Schlosser. Goethe montrait, dès son enfance, des dispositions extraordinaires. Il composait de petits drames pour un théâtre de marionnettes dont sa grand'mère lui avait fait présent. Le goût

(1) Cette notice a été écrite en 1827. Goethe est mort au mois d'avril de l'année 1832.

qu'il y prit paraît avoir exercé sur sa vocation pour la littérature dramatique une influence qu'il signale avec beaucoup d'esprit dans son roman de *Wilhelm Meister*. Il apprit de bonne heure le latin, l'italien, le français, l'anglais, s'exerça dans les arts du dessin, pour lesquels son père avait une prédilection marquée, s'occupa un peu moins de la jurisprudence, à laquelle il le destinait, mais fit des progrès rapides dans l'étude de la religion, de l'histoire, de la philosophie, du grec, de l'hébreu, des littératures anciennes et modernes. Il aimait à parcourir les rues de Francfort, observant les édifices gothiques de cette ville, recherchant ses antiquités et déchiffrant ses chroniques. C'est sans doute à ce penchant qu'est dû le choix du sujet de sa première tragédie: *Goëtz de Berlichingen*.

Il n'avait pas encore sept ans que son ame étouffait dans son étroite sphère. Les merveilles de la création le ravissaient, et, chaque jour, il éprouvait davantage le besoin de s'approcher de cet être incompréhensible dont elles émanent. Le moyen qu'il employa pour y parvenir est bizarre, extraordinaire, bien digne d'un esprit supérieur. « Ne pouvant me figurer cet être suprême, dit-il lui-même dans ses Mémoires, traduction de M. Aubert de Vitry, je le cherchai dans ses œuvres, et je voulus, à l'exemple des patriarches, lui ériger un autel. Les productions de la nature devaient me servir à représenter le monde, et une flamme pouvait m'offrir l'image de l'âme s'élevant vers son créateur. Je choisis donc les plus précieux objets de ma collection de raretés naturelles. La difficulté était de les disposer de manière à former un petit édifice. Mon père avait un beau pupitre de musique, en laque rouge, à quatre faces, orné de fleurs d'or. On s'en servait peu depuis quelque temps; je m'en emparai. J'y disposai par degrés mes échantillons d'histoire naturelle, m'efforçant de les ranger dans un ordre clair et significatif. C'était au lever du soleil que je voulais offrir mon premier acte d'adoration. Je n'étais pas encore décidé sur la manière dont je produirais la flamme symbolique qui devait en même temps exhaler un parfum odoriférant. Je réussis enfin à accomplir ces deux conditions de mon sacrifice. J'avais à ma disposition de petits grains d'encens : ils pouvaient, sinon jeter une flamme bien vive, au moins luire en brûlant et répandre une odeur agréable. Cette douce lueur d'un parfum allumé exprimait même mieux, à mon gré, ce qui se passe en notre ame dans un pareil moment. Le soleil était déjà levé depuis long-temps; mais les maisons voisines en interceptaient encore les rayons. Il s'éleva enfin assez pour que je puisse, à l'aide d'un miroir ardent, allumer mes grains d'encens artistement disposés sur une belle tasse de porcelaine. Tout réussit selon mes vœux : ma piété fut satisfaite. Mon autel devint le principal ornement de la chambre où il était placé. Les autres n'y voyaient qu'une collection de curiosités naturelles, distribuée avec ordre et élégance; moi seul j'en connaissais la destination. Je voulus renouveler ma pieuse cérémonie ; malheureusement quand le soleil se montra, je n'avais pas sous la main une tasse de porcelaine. Je plaçai mes grains d'encens au haut du pupitre, je les allumai ; mais j'étais tellement absorbé dans mon recueillement, que je ne m'aperçus du dégât causé par mon sacrifice que lorsqu'il n'était plus temps d'y porter remède. Les grains d'encens avaient, en brûlant, couvert de taches noires la belle laque rouge et les fleurs d'or qui la décoraient, comme si le démon, chassé par mes prières, eût laissé sur le pupitre la trace ineffaçable de ses pieds. »

Rien dans tout cela n'annonçait un esprit d'une trempe commune. Son enthousiasme pour le grand Frédéric et pour le sublime Klopstock, la perspicacité qui lui révélait le génie militaire du maréchal de Broglie, la composition d'une comédie française pour son coup d'essai dans l'art dramatique, celle plus extraordinaire d'une épopée en prose poétique sur son sujet chéri, la touchante histoire de Joseph, vinrent mettre le comble à la gloire de l'enfant sublime, et firent pressentir déjà ses brillantes destinées.

L'amour qu'éprouve le génie ne ressemble pas à celui que ressent une ame vulgaire. Dès sa quatorzième année, Goethe payait son tribut à cette fougueuse passion. Jeté, par une boutade de vanité poétique, au milieu de jeunes gens d'une classe inférieure à la sienne, il voit Marguerite, et sa beauté a bientôt enchaîné son cœur. Il croit sa tendresse partagée, il savoure le charme de cette riante illusion : mais tout est découvert ; ses amis, son amie, sont arrêtés ; des soupçons planent même sur sa tête ; enfin tout s'éclaircit ; son innocence, celle de ses compagnons les plus intimes est reconnue ; Marguerite seule, sa chère Marguerite, est bannie de la ville. Cette jeune fille déguisait-elle sous un extérieur honnête des vices punissables? Voulait-on seulement l'éloigner d'un fils de famille, sur l'esprit duquel on redoutait son ascendant? Voilà ce qui n'a jamais été approfondi, ce qui vraisemblablement ne le sera jamais. Privé de l'objet de toutes ses affections, Goethe s'abandonna au plus violent désespoir, sa tête s'égara, une maladie cruelle fit trembler pour ses jours. Il recouvra la santé ; mais le danger qu'il avait couru, et l'amour qui l'avait embrasé, laissèrent dans son ame les traces d'une sombre mélancolie. A quinze ans, il fuyait le monde et cherchait la solitude. L'image de Marguerite l'y suivit, et il fallait que ce souvenir fût bien profondément gravé dans son cœur, puisque c'est la bien-aimée de son enfance qui lui a servi de modèle pour peindre l'amante de *Faust* sous des couleurs si attrayantes. Cependant Goethe n'était pas homme à sacrifier tout son avenir à une passion malheureuse. Il fit un courageux retour sur lui-même, et, se livrant tout entier à l'étude des lettres et de la philosophie, *il parvint*, dit-il, *à arracher de son ame le trait fatal*. Il ne lui resta de ce terrible amour qu'une mélancolie douce et rêveuse, dont l'empreinte se retrouve dans toutes ses compositions.

Goethe passa trois années à l'université de Leipsick, de 1765 à 1768. Son père l'y avait envoyé pour étudier le droit ; mais l'instinct de son génie l'avait attaché au culte des Muses. Tout, dans les doctrines et les tentatives littéraires des Allemands, ne montrait encore que tâtonnement et indécision. Trois écoles se partageaient le Parnasse germanique : la première, qui avait Gottsched pour chef, se jetait à corps perdu dans la littérature française, qui était pour elle l'objet d'une admiration aveugle et pédantesque ; la seconde, qu'on appelait l'*École suisse*, et qui suivait les traces de Breitinger et de Bodmer, explorait avec moins de goût que de sensibilité des routes jusqu'alors inconnues ; mais la troisième, plus audacieuse que ses sœurs, et à la tête de laquelle marchait le fameux Lessing, secouait le joug de tous les peuples, et s'élançait seule à la conquête d'une littérature vraiment nationale. Ballotté entre ces doctrines opposées, toujours incertain sur la carrière qu'il convenait de parcourir, et même sur les moyens de s'en ouvrir une, Goethe ressemblait à un navigateur sans boussole, errant au hasard sur une mer féconde en naufrages. On critiquait ses essais, on lui reprochait ses goûts, et personne ne se montrait disposé à corriger les uns ni à réformer les autres. Las de chercher vainement un guide, il résolut de s'en servir lui-même ; ses propres émotions devinrent ses seules Muses, peindre, intéresser, tel fut son premier désir, son unique but. Aussi *les Caprices d'un Amant* et *les Complices*, les deux plus anciennes de ses comédies conservées, attestent-elles une force de conception et une trempe d'esprit bien rares dans un poëte de dix-neuf ans. Cette habitude de chercher en lui-même ses propres inspirations a empreint tous ses écrits d'une originalité inimitable, et occasioné, sans doute, le long silence de sa muse à plusieurs époques de sa vie.

La route était frayée, il ne s'agissait plus que de la suivre ; mais les efforts que Goethe avait faits pour se l'ouvrir avaient altéré sa santé. Une maladie dangereuse, aggravée par les perplexités d'un esprit toujours mécontent de lui-même et de ses travaux, fit craindre pour ses jours. Il guérit enfin et retourna à la maison paternelle, où une longue convalescence vint encore renouveler ses inquiétudes et sa mélancolie.

Un second séjour dans une université était nécessaire à Goethe pour prendre ses degrés de jurisprudence ; l'amour de la littérature française le décida pour l'académie de Strasbourg. Il s'y lia avec Herder, Koch et Oberlin. Il trouva dans le premier, malgré son humeur souvent morose et caustique, le guide qu'il avait long-temps cherché. Les deux autres s'efforcèrent de l'attacher à la France, en faisant briller à ses yeux cette palme du professorat, qui était le but apparent de ses vœux. Mais les difficultés dont notre littérature lui paraissait alors hérissée, les conseils de Herder, l'espoir flatteur de pouvoir contribuer un jour à fonder en Allemagne une littérature nationale, le décidèrent à rentrer dans sa patrie et à lui consacrer ses talens.

Deux sujets dramatiques occupaient alors son esprit, *Goëtz de Berlichingen*, le dernier champion de l'anarchie féodale, et *Faust*, ce héros fabuleux de la science, qui s'était, disait-on, dévoué aux esprits infernaux. Mais un tendre penchant, payé de retour, l'avait empêché de se livrer à ces grandes compositions avec toute l'ardeur qu'on eût été en droit d'attendre d'une imagination comme la sienne. Il s'était lié par des promesses, l'objet aimé répondait avec confiance à ses vœux, quand soudain il s'en sépare sans aucun motif, renonce à l'union projetée, et trouble ainsi le repos d'un être estimable pour se procurer seulement le plaisir de jeter quelques pages de roman dans l'uniformité de sa vie domestique.

Sa promotion au doctorat, en août 1771, son séjour à Wetzlar pour s'exercer à l'application des principes de la jurisprudence, le remords qu'il avoue avoir ressenti des suites de son infidélité, ne l'empêchèrent pas de s'abandonner bientôt aux charmes d'une seconde passion. Ce fut dans son nouveau séjour qu'il connut celle que, dans son *Werther*, il a immortalisée sous le nom de Charlotte. Elle était fiancée à un de ses amis. Souvent tous trois erraient ensemble sur les bords de la Lahn, dont il a décrit les sites avec enthousiasme; mais il sut respecter des nœuds sacrés, et le couple heureux le vit s'éloigner au moment du mariage.

Revenu une troisième fois à Francfort, il céda au vœu de son père en remplissant les fonctions d'avocat, mais il ne renonça point pour cela au culte des Muses; stimulé au contraire par sa sœur Cornélie, il termina en quelques semaines sa tragédie de *Goëtz de Berlichingen*, qu'il fit représenter en 1773, et dont le succès fut prodigieux. Cette composition grandiose, tout empreinte du génie de Shakspeare, révélait à l'Allemagne un poète original, et ce poète n'avait que vingt-quatre ans. Il s'associa avec un ami pour faire imprimer son œuvre, mais dans l'intervalle parut une contrefaçon qui lui enleva son bénéfice, et Goethe eut beaucoup de peine à payer le papier sur lequel palpitait son génie.

Le succès de *Werther* (1774) fut plus grand encore. Ce roman devint l'objet d'un enthousiasme universel. Goethe avait été lui-même, en grande partie, l'original du portrait qu'il traçait. Comme Werther, il avait aimé sans espoir ; comme ce malheureux, il avait pris la vie en horreur ; échappé à la contagion fatale, il se plaisait, pour ainsi dire, à la souffler aux autres. Ce qui fera admirer sans cesse cette terrible élégie, c'est ce contraste bienfaisant qui existe entre les sombres fureurs du héros et son enthousiasme pour les beautés de la nature ; c'est le tableau du bonheur que goûtent les ames tendres à contempler les œuvres de la création ; c'est la peinture de ces plaisirs simples et purs que procurent les seules vertus domestiques.

En même temps que Goethe continuait à exercer à Francfort les fonctions d'avocat, il composait, en huit jours, d'après les mémoires de Beaumarchais, sa tragédie de *Clavijo*. Son attachement pour les frères Jacobi, et l'amour des arts, l'attiraient souvent à Dusseldorf. Il prit part à la rédaction de l'*Iris*, recueil dont J. G. Jacobi était l'éditeur. « Nous avons Goethe avec nous, écrivait Heinse à Gleim à l'occasion d'un de ces voyages. C'est un beau jeune homme de vingt-cinq ans ; il est tout génie de la tête aux pieds ; c'est l'énergie, la vigueur même ; ce sont les ailes de l'aigle ; un cœur plein de sensibilité, un esprit de feu, *qui ruit immensus ore profundo*. » Cinquante-deux ans se sont écoulés depuis lors, et les traits du vieillard rappellent encore tous ceux du jeune homme ; c'est le même feu, la même sensibilité, le même génie ; un port plein de dignité, un front majestueux, de grands yeux perçants et une belle tête grecque.

Ce fut en 1775 que les premiers ouvrages de Goethe lui concilièrent l'affection du duc, alors prince héréditaire de Saxe Weymar. Ce prince lui confia, l'année suivante, des fonctions importantes, et c'est de cette époque que date une union d'un demi-siècle, également honorable pour le prince et pour l'écrivain. Les princesses de Saxe-Weymar, célèbres par leur goût éclairé pour les lettres, ne se montrèrent pas moins bienveillantes à son égard. Le dernier empereur de Russie le gratifia de l'ordre de Saint-Alexandre-Newsky; et Napoléon, en lui décernant la croix de la Légion-d'Honneur, se plut à rendre hommage au plus grand génie de l'Allemagne.

Goethe a parcouru la France, la Suisse et l'Italie. Deux volumes de ses voyages retracent avec énergie les impressions que lui fit éprouver la terre classique des beaux-arts et des grands souvenirs. Nul n'a mieux fait connaître que lui, dans ses Mémoires, les obstacles qu'il eut à vaincre pour accomplir dans la littérature de sa patrie la réforme que Luther avait opérée dans ses croyances religieuses. Il s'est peint avec franchise et dignité. M. Aubert de Vitry, qui a traduit cet important ouvrage avec infiniment de goût, l'a fait précéder d'une introduction très-remarquable, à laquelle nous sommes redevables des matériaux de cette notice. Les Mémoires de Goethe s'arrêtent au commencement de sa carrière littéraire ; cette lacune a été habilement remplie par madame de Staël dans son livre sur l'Allemagne. On y trouve, sur le génie de Goethe, sur son caractère, ses travaux, son ascendant extraordinaire et l'espèce de culte que lui ont voué ses compatriotes, des aperçus ingénieux et frappants de vérité. Ce n'est, à la vérité, que l'esquisse du portrait de ce grand homme et l'analyse de ses œuvres, mais cette analyse est un modèle d'élégance et de lucidité ; cette esquisse est un ouvrage de maître.

Comme Voltaire, Goethe s'est exercé dans presque tous les genres. L'épopée héroïque lui doit *Hermann et Dorothée* ; l'épopée satirique, *Reinecke le Renard* ; la tragédie antique, *Iphigénie en Tauride* ; la tragédie anglaise, *Goëtz de Berlichingen*, *Egmont* et *Faust* (si plutôt ce drame n'est pas une œuvre à part, hors de toute classification, et la production peut-être la plus étonnante de l'esprit humain; la tragédie ou le drame français, *le Tasse*, *Stella*, *le grand Cophte*; la comédie, *les Complices*, *le Frère et la Sœur*, *la Manie du Sentiment*, la pastorale et l'opéra, *Jeri et Bœtli*, *les Caprices d'un Amant*, *Lila*, *Erwis et Elmire*, *Claudine de Villa-Bella*; le genre bouffon, la *Foire de Plunderweilern*, la *Vision de Bardt*, etc. Tous les genres de poésie que leur peu d'étendue a fait classer sous la dénomination de poésies légères, l'ode, l'épitre, l'idylle, l'élégie, la ballade, la romance, la chanson, l'épigramme, etc., ont été traités par Goethe avec une supériorité d'exécution et une souplesse de talent dont Voltaire seul avait jusqu'alors donné l'exemple. Il ne se présente pas avec moins de gloire comme prosateur. Romans, voyages, analyse critique, journaux, lettres, pensées, dialogues, traductions, mémoires, il s'est exercé dans tout, et dans tout il s'est montré supérieur. Le roman de *Guillaume Meister* est classique en Allemagne pour le style. Quant au fond, on y reconnaît tour à tour la manière de Fielding, de l'abbé Prévost, de Scarron. C'est un livre plein d'intérêt. La notice que Goethe a laissée sur la famille du célèbre *Cagliostro*, et surtout sa description si vive, si pittoresque du carnaval de Rome, passent pour des modèles de narration. Ses traductions des Mémoires de l'artiste florentin *Cellini* et *du neveu de Rameau*, cette composition si extraordinaire de Diderot, ont prouvé qu'il ne dédaignait aucun travail littéraire, certain d'y laisser l'empreinte de son génie.

De retour d'Italie en 1789, Goethe a depuis lors fixé sa résidence à Weymar, partageant son temps entre le soin des affaires et le culte des Muses. « Favorisé, dit M. Aubert de Vitry, par l'amitié d'un prince attentif à respecter les loisirs laborieux du grand écrivain, c'est au profit des sciences, des arts et des lettres de son pays, qu'il a sans cesse exercé le double ascendant de ses rares talents et d'une position brillante. Il a constamment tenu chez lui, selon l'heureuse expression de madame de Staël, les états-généraux de la littérature allemande; et c'est dans la dictature de cet esprit transcendant que la république des lettres, toujours menacée d'anarchie, a trouvé sa lumière et sa force. Depuis trente-quatre ans, Goethe n'a quitté Weymar que pour accompagner son protecteur à l'armée que le duc de Brunswick conduisit, en 1792, dans les plaines de Champagne.

« La réunion, dans Weymar, des écrivains allemands les plus célèbres, lui a mérité avec justice la dénomination flatteuse d'Athènes de l'Allemagne. Cette ville, entourée d'édifices et de jardins élégants, possède dans Ettersbourg son Belvédère, dans Wilhemsthal ses bois d'Académe et son Portique, dans Ilmenau son Céphise et son Ilissus. Déjà, avant l'arrivée de Goethe, la Muse de Wieland brillait au milieu de ce séjour privilégié. Musœus, Bode, Bertuch s'y étaient groupés autour de lui ; Herder et Schiller, appelés plus tard par des princes empressés de rassembler auprès d'eux toutes les lumières de la Germanie, vinrent ajouter, par l'éclat de leurs talents, à la splendeur de cette académie, d'autant plus recommandable, qu'elle était entièrement libre, et qu'aucune contrainte, aucun réglement n'y enchaînaient les ailes du génie. Knébel, Einsidel, Sigismond de Seckendorf, Boettiger, l'auteur de Sabine, Bahrdt, les deux frères Frédéric et Wilhelm Schlégel, contribuaient au charme de cette réunion vraiment digne des beaux jours de la Grèce. Madame de Wollzogen, Amélie d'Imhof, d'autres dames aussi recommandables par leur esprit que par leurs graces, complétaient l'agrément de ce cercle vraiment illustre. Tous ceux qui portaient un nom honoré dans la république des lettres étaient accueillis avec empressement et retenus au moins comme des hôtes dans ce temple des Muses. Goethe fut toujours l'ame et le lien de ces réunions académiques, dont son génie l'avait en quelque sorte constitué le président perpétuel. Moins occupé de sa gloire que de celle de sa patrie, il semble avoir dévoué son existence au bonheur de ses rivaux. Ami sincère de Herder et de Schiller, sa patience à supporter les railleries du premier, son attention à ménager la susceptibilité du second, trop souvent excitée par des souffrances cuisantes, ses soins affectueux pour cet homme célèbre, doivent lui concilier, indépendamment de son génie, l'estime de ses contemporains et l'admiration de la postérité. Ces qualités du cœur qui font aimer l'homme dans Goethe, plaisent d'autant plus dans les esprits supérieurs, qu'elles ne sont pas toujours leur apanage. »

FIN DE LA NOTICE.

PRÉFACE.

Ombre chérie, qui fis répandre tant de larmes, tu veux donc t'exposer de nouveau à la lumière du jour ! Tu me rencontres sur des tapis émaillés de fleurs nouvelles, et tu ne fuis pas mes regards. Tu respiras une de ces belles matinées où la rosée du ciel ranime les sens ; et, après les fatigues d'une journée pénible, tu ne vis pas luire les derniers rayons du soleil couchant. Mon destin fut de rester sur la terre, le tien de la quitter. En partant le premier, tu n'as pas fait une grande perte.

On s'imagine que la vie de l'homme

est une existence heureuse. Comme le
jour est beau ! quelle soirée magnifique !
Et cependant, créés pour les joies de
ce paradis terrestre, à peine voyons-nous
le soleil s'élever sur l'horizon, que déjà
les noirs soucis viennent nous livrer de
cruels combats et agiter tout ce qui nous
entoure. L'envie et les vains désirs troublent nos jouissances. Séduits par des
apparences trompeuses, nous ne jugeons
bien ni ce qui brille d'un vif éclat, ni ce
qui se présente sous un aspect sombre.
Le bonheur est là ; nous l'avons sous la
main, et nous ne savons pas le reconnaître.

Et quand nous croyons l'avoir saisi,
quand, sous l'image d'une femme charmante, l'amour s'est emparé de tout
notre être, la jeunesse, vive et gaie

comme l'enfance, belle comme le printemps, étonnée de ses sensations inconnues, jette un regard autour d'elle et croit que l'univers lui appartient. L'homme se laisse entraîner au loin par la vivacité de ses transports; rien ne l'arrête; semblables à ces nuées d'oiseaux légers qui s'agitent autour des palais et battent de l'aile contre les hautes façades, nous errons sans cesse autour de l'objet adoré ; notre ame qui planait dans les régions aériennes s'élance pour épier un regard, et ce regard l'enchaîne.

Éclairé trop tôt ou trop tard, on se trouve arrêté dans son vol, captif sous un réseau perfide. La joie et le chagrin, l'absence et le retour, se quitter et se revoir, tel est le cercle continuel de nos jours; les années deviennent des instants, et un fatal adieu fait évanouir le prestige.

Tu souris, ami, à ce fidèle tableau. Ton funeste départ, tes adieux terribles, t'ont rendu fameux. Nous répandîmes des pleurs sur ton infortune ; tu nous laissas ici pour être les jouets du plaisir et de la peine ; nous continuâmes à errer dans le labyrinthe des passions, pour en sortir à l'instant suprême, retardé pour nous, mais inévitable. Le moment du départ! La mort!—Qu'elle est touchante, la voix du poëte, quand il enseigne les devoirs de la vie et les mystères de la mort! S'il s'égare dans ce dédale où se rencontrent le blâme et l'indulgence, quel Dieu dirigera sa pensée? qui nous expliquera son cœur?

WERTHER.

PREMIÈRE PARTIE.

LETTRE PREMIÈRE.

4 mai 1771.

Combien je suis content d'être parti ! Mon bon ami, qu'est-ce que le cœur de l'homme ? Je viens de te quitter, toi que j'aime tant, dont j'étais inséparable, et j'éprouve du plaisir ! Je sais que tu me le pardonnes. Mes autres liaisons ne semblaient-elles pas préparées tout exprès par le destin, pour tourmenter une ame telle que la mienne ? La pauvre Léonore ! et cependant j'étais irréprochable. Comment aurais-je deviné qu'elle s'enflammait d'un amour funeste, quand les graces piquantes de sa sœur amusaient mon esprit ? Mais, suis-je bien tout-à-fait innocent? N'ai-je pas flatté sa passion naissante? Ne me suis-je pas laissé entraîner moi-même au charme de ses expressions si vraies dictées par la nature, qui nous ont fait rire tant de fois quoiqu'elles n'eussent rien de risible? N'ai-je pas... oh! qu'est-ce que l'homme, pour qu'il ose encore se plaindre de lui-même? Cher ami, je te le promets, je me corrigerai; je ne veux plus, comme je l'ai toujours fait, m'obstiner à savourer l'amertume que nous offre le sort. Je jouirai du présent, et le passé sera le passé pour moi. Oui, sans doute, mon ami, tu as raison; les hommes auraient des peines bien moins vives si... (Dieu sait pourquoi ils sont ainsi faits...) s'ils n'appliquaient pas toutes les facultés de leur imagination à renouveler sans cesse le souvenir de leurs maux, au lieu de ne s'occuper que du présent, quand il est supportable.

Je te prie de dire à ma mère que je m'occupe de ses intérêts, et que bientôt je lui en donnerai des nouvelles. J'ai parlé à ma tante, et je ne l'ai pas trouvée à beaucoup près aussi méchante qu'on nous l'a dépeinte. C'est une femme vive, impétueuse; mais son cœur est excellent. Je lui ai expliqué les plaintes de ma mère sur cette retenue d'une part d'héritage; de son côté elle m'a fait connaître ses droits, ses motifs, et les conditions auxquelles tout nous serait bientôt rendu, et même au-delà de nos espérances. Je ne puis aujourd'hui t'en écrire davantage sur ce point : dis à ma mère que tout ira bien. J'ai vu encore une fois, mon cher, dans cette affaire peu importante, que les malentendus et l'indolence causent peut-être plus de désordres dans le monde que la ruse et la méchanceté. Ces deux dernières, au moins, sont assurément plus rares.

Je me trouve très-bien ici. Dans cette région céleste, la solitude est un baume précieux pour mon cœur, dont les frissons disparaissent à la douce chaleur de la saison renaissante. Chaque arbre, chaque haie est un bouquet fleuri; on voudrait se voir changé en abeille, pour voltiger dans cette mer de parfums, s'y plonger à loisir et y puiser toute sa subsistance.

La ville, en elle-même, est désagréable;

mais, dans les environs, la nature étale d'inexprimables beautés. C'est ce qui engagea le feu comte de M*** à créer un jardin sur une de ces collines, qui se multiplient avec la plus brillante variété pour former des vallées délicieuses. Le jardin est simple; dès qu'on y entre, on sent que ce n'est pas l'ouvrage d'un dessinateur formé par des études savantes, mais le plan tracé par la main d'un homme sensible qui voulait y jouir de lui-même. J'ai déjà donné plus d'une fois des larmes à sa mémoire, dans un pavillon en ruines, jadis sa retraite favorite, et maintenant la mienne. Bientôt je serai maître du jardin. Depuis deux jours que je suis ici, le jardinier m'est déjà dévoué, et il ne s'en trouvera pas mal.

LETTRE II.

10 mai.

Il règne en mon cœur une étonnante sérénité, semblable à ces douces matinées du printemps dont je jouis avec délices. Je suis seul, et je goûte le charme de la vie dans cette contrée qui fut créée pour des ames comme la mienne. Je suis heureux, mon ami ; je suis absorbé par le sentiment d'une existence paisible, au point de ne plus retrouver mon talent de dessinateur : mon crayon ne formerait pas un trait ; cependant je ne fus jamais plus grand peintre. Les vapeurs de la vallée s'élèvent autour de moi ; le soleil plane sur l'impénétrable voûte de l'obscure forêt ; à peine un rayon furtif se glisse dans le sombre sanctuaire : étendu sur le sol, à la chute du ruisseau, je découvre dans l'épaisseur du gazon mille autres plantes inconnues ; mon cœur sent de plus près l'existence de ce petit monde qui fourmille parmi les herbes, de cette multitude innombrable de vermisseaux et d'insectes de toutes les formes ; je sens la présence du Tout-Puissant qui nous a créés à son image, le souffle de cet être plein d'amour qui nous soutient au milieu d'un océan éternel de délices. Mon ami, quand mes yeux sont éblouis de cet admirable spectacle, quand le monde repose autour de moi, et que le ciel se grave dans mon cœur, comme l'image d'un bien-aimé, alors je soupire et je m'écrie : « Ah ! si tu pouvais exprimer ce que tu éprouves ! si tu pouvais exhaler et fixer sur le papier ce qui, dans toi, vit avec tant de force et d'activité ; si le papier devenait ainsi le miroir de ton ame, comme ton ame est le miroir d'un Dieu infini !.... Mon ami... » Mais je succombe, et je me prosterne devant l'imposante majesté de ces images.

LETTRE III.

12 mai.

J'ignore si des esprits fantastiques répandent l'illusion sur ces contrées, ou si le prestige n'a sa source que dans le délire qui s'est emparé de mon cœur; mais tout ce qui m'environne est pour moi le paradis céleste. A l'entrée du hameau est une fontaine...., une fontaine à laquelle je suis fixé par enchantement, comme Mélusine et ses sœurs. Au bas d'une petite colline se présente une grotte; on descend vingt marches, et l'on voit l'eau la plus pure filtrer à travers le marbre. Le petit mur qui forme l'enceinte, les grands arbres qui la recouvrent de leur ombre, la fraîcheur du lieu, tout cela vous offre quelque chose d'attrayant et de magique. Il ne se passe point de jour que je ne m'y repose pendant une heure. Les jeunes filles de la ville viennent y puiser de l'eau, emploi paisible et utile que remplissaient jadis les filles des rois. Quand je suis assis près du bassin, la vie patriarcale se retrace vivement à ma mémoire ; c'était au bord des fontaines que l'on rencontrait l'objet d'un innocent amour; près des sources limpides voltigent sans cesse des esprits bienfaisants. Oh ! jamais il n'a savouré la fraîcheur des grottes et des fontaines, après une route pénible sous un soleil ardent, celui qui ne sent pas cela comme je le sens !

LETTRE IV.

13 mai.

Tu me demandes si tu dois m'envoyer mes livres?... Mon ami, au nom de Dieu, préserve-moi de ce fléau! Je ne veux plus être guidé, excité, enflammé; ce cœur bouillonne assez de lui-même : j'ai bien plutôt besoin d'un chant qui me berce, et mon Homère suffit pour me le faire entendre. Combien de fois m'a-t-il calmé le sang! Jamais tu n'as rien vu d'aussi inégal, d'aussi inquiet que mon cœur. Faut-il que je te le dise, mon ami, à toi qui as souffert si souvent de me voir passer des tristes soucis à l'extravagance, de la douce mélancolie aux fureurs des passions? Aussi je traite mon esprit comme un enfant malade; je cède à tous ses caprices. Ne le dis à personne : il y a des gens qui m'en feraient un crime.

LETTRE V.

15 mai.

Les bonnes gens du hameau me connaissent déjà ; ils m'aiment beaucoup, surtout les enfants. Il y a peu de jours encore, quand je les approchais et que, d'une manière amicale, je leur adressais quelque question, ils s'imaginaient que je voulais me moquer d'eux et me quittaient brusquement. Je ne m'en offensai pas ; mais je sentis plus vivement la vérité d'une observation que j'avais déjà faite. Les hommes d'un certain rang se tiennent toujours à une froide distance de leurs inférieurs, comme s'ils craignaient de perdre beaucoup en se laissant approcher ; il y a même une espèce d'étourdis et de mauvais plaisans qui ont l'air de descendre jusqu'au pauvre peuple afin de le blesser par leur fatuité.

Je sais bien que nous ne sommes pas tous égaux, que nous ne pouvons l'être ; mais je soutiens que celui qui se croit obligé de s'éloigner de ce qu'on nomme le peuple, pour s'en faire respecter, n'est pas moins blâmable que le poltron qui, de peur de succomber, se cache devant son ennemi.

Dernièrement je me rendis à la fontaine : j'y trouvai une jeune fille qui avait posé sa cruche sur la dernière marche de l'escalier ; elle cherchait des yeux une compagne qui l'aidât à mettre le vase sur la tête. Je descendis et la regardai. « Voulez-vous que je vous aide, mademoiselle ? » lui dis-je. Elle devint rouge comme le feu. « Oh ! monsieur, répondit-elle... — Allons, sans façons... » Elle arrangea son coussinet, et j'y posai la cruche. Elle me remercia et partit aussitôt.

LETTRE VI.

1.* mai.

J'ai fait des connaissances de tout genre, mais je n'ai pas encore trouvé de société. Je ne sais ce que je puis avoir d'attrayant aux yeux des hommes ; ils me recherchent, ils s'attachent à moi, et j'éprouve toujours de la peine quand notre chemin ne nous permet plus d'aller ensemble. Si tu me demandes comment sont les habitans de ce pays, je te répondrai : comme partout. L'espèce humaine est singulièrement uniforme. La plupart travaillent une grande partie du temps pour vivre ; le peu qui leur en reste de libre leur est tellement à charge, qu'ils cherchent tous les moyens possibles de s'en débarrasser. O destinée de l'homme !

Après tout, ce sont de bonnes gens. Quand

je m'oublie quelquefois pour aller jouir avec eux des plaisirs qui sont accordés aux hommes; soit que je m'asseye à une table propre et bien servie, où la joie et la cordialité prennent place avec nous ; soit que nous fassions une promenade en voiture, ou que j'ordonne un petit bal sans apprêts, tout cela produit sur moi le meilleur effet; mais alors il ne faut pas que je me souvienne d'une foule de facultés qui reposent et languissent en moi, qui se rouillent et que je suis forcé de cacher avec soin. Ah! que cela resserre le cœur! et cependant, n'être pas compris, tel est souvent notre sort.

Ah! pourquoi l'amie de ma jeunesse n'est-elle plus! et pourquoi l'ai-je connue! Je me dirais : « Tu es fou, tu cherches ce que tu ne trouveras jamais ici-bas... » Mais elle a existé, cette amie; j'ai senti ce cœur, cette grande ame dont la présence me faisoit paraître à mes propres yeux plus que je n'étais, parce que j'étais tout ce que je pouvais être. Grand Dieu! une seule faculté de mon ame restait-elle alors inactive? Ne pouvais-je pas devant elle développer, en entier, ce sentiment admirable avec lequel mon cœur embrasse toute la nature? Notre commerce ne se composait-il pas d'un échange continuel des sensations les plus profondes, des traits de l'esprit le plus raffiné, dont les modifications, jusqu'à la malice même, portaient toutes l'empreinte du génie? Et maintenant..... hélas! les années qu'elle avait de plus que moi l'ont précipitée avant moi dans la tombe. Jamais je ne l'oublierai; jamais je n'oublierai la force de sa raison, ni sa divine indulgence.

Je rencontrai, il y a quelques jours, le jeune V**. Il a l'air franc et ouvert, sa physionomie est fort heureuse. Il sort de l'université; il ne se croit pas précisément un génie, mais il est au moins bien persuadé qu'il en sait plus que les autres. Je le sondai sur plusieurs points; il répondit sans hésitation: en un mot, il possède un certain fonds de connaissances. Comme il avait appris que je dessine, et que je sais le grec, deux phénomènes dans ce pays, il s'est attaché à mes pas; il m'étala tout son savoir depuis Batteux jusqu'à Wood, depuis de Piles jusqu'à Winckelman ; il m'assura qu'il avait lu en entier le premier volume de la Théorie de Sulzer, et qu'il possédait un manuscrit de Heyne sur l'étude de l'antique. Je le laissai parler.

Encore un bien brave homme dont j'ai fait la connaissance : c'est le bailli, personnage franc et loyal. On dit que c'est un plaisir pour une ame sensible, de le voir au milieu de ses enfans: il en a neuf. On fait surtout beaucoup de cas de sa fille ainée. Il m'a invité à l'aller voir ; j'irai au premier jour. Il habite, à une lieue et demie d'ici, un pavillon de chasse du prince ; il obtint la permission de s'y retirer, après la mort de sa femme, le séjour de la ville et de sa maison lui étant devenu trop pénible.

Du reste, j'ai trouvé sur mon chemin plusieurs caricatures originales ; tout en elles est insupportable, surtout leurs marques d'amitié.

Adieu. Voilà une lettre qui te conviendra ; elle est tout historique.

LETTRE VII.

22 mai.

La vie humaine est un songe ; d'autres l'ont dit avant moi, et cette idée me suit partout. Quand je considère les bornes étroites dans lesquelles sont circonscrites les facultés actives et intellectuelles de l'homme ; quand je vois que nous épuisons toutes nos forces à satisfaire des besoins qui ne tendent qu'à prolonger notre triste existence ; que notre tranquillité, sur certains points de nos recherches, n'est qu'une résignation aveugle produite par l'illusion qui couvre de peintures variées et de perspectives riantes les murs qui nous renferment, tout cela, mon ami, me rend muet ; je rentre en moi-même, et j'y trouve un monde, mais plutôt en imagination et par un vague désir, qu'en réalité ou revêtu de formes positives.

Tout cela flotte devant mon imagination et disparaît ; alors je souris et je m'enfonce , en rêvant, dans ce chaos.

Les enfants ont une volonté sans en connaître les motifs : tous les savants pédagogues et gouverneurs sont d'accord sur ce point. Mais que les hommes faits soient de grands enfants qui se traînent en chancelant sur ce globe, sans savoir non plus d'où ils viennent et où ils vont, sans avoir de but constant dans leurs actions, et se laissant mener par le bonbon et la verge, c'est ce que personne ne veut croire , et , à mon avis, cependant cela se touche au doigt.

Je t'accorde bien volontiers (car je sais ce que tu vas me dire) que ceux-là sont les plus heureux, qui, comme les enfants, vivent au jour la journée , promènent leur poupée, l'habillent , la déshabillent, tournent avec respect devant le tiroir où la maman renferme ses dragées, et, quand elle leur en donne , les dévorent avec avidité, et se mettent à crier : *Encore !*.... Oui, voilà de fortunées créatures! Heureux aussi ceux qui donnent un titre imposant à leurs futiles travaux, ou même à leurs extravagances, et les passent en compte au genre humain comme des opérations gigantesques, entreprises pour son salut et sa prospérité : grand bien leur fasse à ceux qui peuvent agir ainsi ! Mais celui qui reconnaît avec humilité où tout cela doit aboutir ; celui qui voit le propriétaire aisé d'un petit jardin bourgeois en faire un paradis, tandis qu'un malheureux, accablé sous le fardeau, se traîne en haletant sur le chemin, tous deux également intéressés à contempler une minute de plus la lumière du soleil : celui là, dis je, est tranquille ; il bâtit aussi un monde en lui-même ; il est heureux d'être homme. Quelque limité qu'il soit, il entretient dans son cœur le doux sentiment de la liberté ; il sait qu'il peut quitter ce cachot quand il voudra.

LETTRE VIII.

26 mai.

Tu connais, depuis long-temps, mon goût pour ces endroits solitaires où je puis me choisir une retraite, afin d'y jouir de moi-même : eh bien ! j'ai trouvé ici un lieu isolé qui m'a tout-à-fait séduit.

Non loin de la ville est une commune nommée *Wahlheim* (1). Sa situation sur une colline est très-belle ; en montant le sentier qui conduit au village, on embrasse toute la vallée d'un coup d'œil. Une bonne femme, serviable, et vive encore pour son âge, y tient un petit cabaret, où elle vend du vin, de la bière et

(1) Le lecteur peut s'épargner la peine de chercher dans le pays le village qu'on vient d'indiquer. On a cru devoir changer le véritable nom de l'endroit que désignent les lettres originales.

(*Note de l'auteur allemand.*)

du café ; mais, ce qui vaut mieux, il y a deux tilleuls dont les branches touffues couvrent la petite place devant l'église ; des fermes, des granges, des chaumières en forment l'enceinte. Il est impossible de découvrir un coin plus paisible et qui me convienne autant; j'y fais porter une petite table, une chaise, et là je prends mon café, je lis mon Homère. La première fois que le hasard me conduisit sous ces tilleuls, l'après-midi d'une belle journée, je trouvai l'endroit entièrement abandonné ; tout le monde était allé aux champs ; il n'y avait qu'un petit garçon de quatre ans à terre ; entre ses jambes un enfant de six mois était assis de même, qu'il soutenait de ses petits bras contre sa poitrine, de manière à lui servir de siège. Malgré la vivacité de ses yeux noirs qui jetaient partout de rapides regards, il se tenait fort tranquille. Ce spectacle me fit plaisir ; je m'assis sur une charrue placée vis-à-vis, et me mis avec délices à dessiner cette attitude fraternelle. J'y ajoutai un bout de haie, une porte de grange, quelques roues brisées, pêle-mêle comme tout cela se rencontrait ; et, au bout d'une heure, je me trouvai avoir fait un dessin bien composé, vraiment intéressant, sans y avoir mis du mien. Cela me confirme dans ma résolution de m'en tenir désormais uniquement à la nature ; elle seule est d'une richesse inépuisable; c'est elle seule qui forme le grand artiste. Il y a beaucoup à dire en faveur des règles, presque autant qu'à la louange de la vie sociale. Un homme qui observe les règles ne produira jamais rien d'absurde ou d'absolument mauvais ; de même que celui qui se laisse guider par les lois et les bienséances ne deviendra jamais un voisin insupportable, ni un insigne malfaiteur; mais, en revanche, toute règle, quoi qu'on en dise, étouffera le vrai sentiment de la nature et sa véritable expression. « Cela est trop fort ! t'écries-tu ; la règle réprime, élague les branches gourmandes. » Mon ami, veux-tu que je te fasse une comparaison? Il en est de ceci comme de l'amour. Un jeune homme se passionne pour une belle ; il passe près d'elle toutes les heures de la journée, prodigue toutes ses facultés, tout ce qu'il possède, pour lui prouver sans cesse qu'il s'est donné entièrement à elle. Survient un pédant, quelque homme en place, qui lui dit : « Mon cher monsieur, aimer est de l'homme, aimez donc en homme. Réglez bien l'emploi de vos instants; consacrez-en une partie à votre travail, et le reste à votre maîtresse; examinez l'état de votre fortune ; de ce que vous aurez de superflu, je ne vous défends pas de faire quelques petits présents, mais pas trop souvent; tout au plus le jour de sa fête, l'anniversaire de sa naissance. » Notre jeune homme, s'il suit ces conseils, devient un personnage fort recommandable, et tout prince fera bien de l'employer dans sa chancellerie ; mais c'en est fait de son amour, et, s'il est artiste, adieu son talent. O mes amis! pourquoi le fleuve du génie répand-il si rarement ses flots impétueux à vos regards étonnés ? Mes amis, c'est que des deux côtés habitent ces hommes graves et réfléchis, dont les maisonnettes, les petits bosquets, les planches de tulipes et les potagers souffriraient trop du débordement; et les prudents riverains ont soin d'élever des digues, de faire des saignées, pour détourner ce danger.

LETTRE IX.

27 mai.

Je me suis perdu, à ce que je vois, dans l'enthousiasme, les comparaisons, la déclamation, et, au milieu de tout cela, je n'ai pas achevé de te raconter ce que devinrent les enfants. Absorbé dans ces méditations d'artiste, qui t'ont valu hier une lettre assez décousue, je restai bien deux heures assis sur ma charrue. Vers le soir, une jeune femme, tenant un panier à son bras, vient droit aux enfants qui n'avaient pas bougé, et crie de loin : « Philippe, tu es un bon garçon ! » Elle me fait un salut, que je lui rends; je me lève, m'approche, et lui demande si elle est la mère de ces enfants. Elle me répond qu'oui, donne un petit pain blanc à l'aîné, prend le plus jeune et l'embrasse avec toute la tendresse d'une mère. J'ai donné, me dit-elle, cet enfant à tenir à Philippe, et j'ai été à la ville, avec mon aîné, chercher du pain blanc, du sucre et un poêlon de terre. » Je vis tout cela dans son panier, dont le couvercle était tombé. « Je ferai ce soir une panade au petit; hier mon espiègle d'aîné a cassé le poêlon, en se battant avec Philippe pour le gratin de la bouillie. » Je demandai où était l'aîné; à peine m'avait-elle répondu qu'il courait après les oies dans la plaine; il revint en sautant, et apporta une baguette de noisetier au cadet. Je continuai à m'entretenir avec la femme; j'appris qu'elle était fille du maître d'école, et que son mari s'était rendu en Suisse pour recueillir la succession d'un cousin. « Ils ont voulu le tromper, me dit-elle; ils ne répondaient pas à ses lettres. Eh bien, il y est allé lui-même. Pourvu qu'il ne lui soit point arrivé d'accident! Je n'en reçois point de nouvelles. » J'eus de la peine à me séparer de cette femme; je donnai un *kreutzer* à chacun des enfants, et un autre à la mère, pour acheter du pain blanc au petit quand elle irait à la ville : nous nous quittâmes ainsi.

Je te l'avoue, mon ami : quand mes sens

agités sont sur le point de me maîtriser, c'en est assez, pour calmer leur effervescence, que la vue d'une créature comme celle-ci, qui, dans un heureux abandon, parcourt le cercle étroit de son existence, en se tirant doucement d'affaire d'un jour à l'autre, et voit tomber les feuilles sans penser à autre chose, sinon que l'hiver approche.

Depuis ce temps-là, j'y vais très-souvent. Les enfants se sont habitués à me voir. Je leur donne du sucre en prenant mon café; le soir, nous partageons les tartines et le lait caillé. Tous les dimanches ils auront leur *kreutzer*; et si je n'y suis pas à l'heure de l'église, la cabaretière a ordre de faire la distribution.

Ils n'ont rien de farouche, et ils me racontent toutes sortes d'histoires : je m'amuse de leurs petites passions et de la naïveté de leur jalousie, quand plusieurs enfants du village se rassemblent autour de moi.

J'ai eu beaucoup de peine à rassurer la mère, toujours inquiète de l'idée « qu'ils incommoderaient Monsieur. »

Ce que je te disais dernièrement de la pein

ture peut certainement s'appliquer aussi à la poésie : en effet, il ne s'agit que de reconnaître le vrai beau, et d'oser l'exprimer ; c'est, à la vérité, dire beaucoup en peu de mots. J'ai été aujourd'hui témoin d'une scène qui, bien rendue, serait la plus belle idylle du monde ; mais à quoi bon parler ici de poésie, de scène et d'idylle ? Pourquoi toujours porter des chaînes, quand on veut prendre part à un effet de nature ?

Si, d'après ce début, tu espères quelque chose de grand et de magnifique, ton attente sera trompée. Ce n'est qu'un simple villageois qui a produit toute mon émotion. Selon ma coutume, je raconterai mal ; et je pense que, selon la tienne, tu me trouveras outré. C'est encore Wahlheim, et toujours Wahlheim qui enfante ces merveilles.

Une société s'était réunie sous les tilleuls pour prendre le café ; comme elle ne me plaisait pas trop, je cherchai un prétexte pour rester en arrière.

Un jeune paysan sortit d'une maison voisine, et vint raccommoder quelque chose à la charrue que j'avais dessinée depuis peu. Son air me plut, je l'accostai : je lui adressai quelques questions sur sa situation ; et en un moment la connaissance fut faite d'une manière assez intime, comme il m'arrive assez ordinairement avec ces bonnes gens. Il me raconta qu'il était au service d'une veuve qui le traitait avec bonté. Il m'en parla tant, et en fit tellement l'éloge, que je découvris bientôt qu'il s'était dévoué à elle de corps et d'ame. « Elle n'est plus jeune, me dit-il, elle a été malheureuse avec son premier mari, et ne veut point se remarier. » Tout son récit montrait si vivement combien elle était belle, ravissante à ses yeux, à quel point il souhaitait qu'elle voulût faire choix de lui pour effacer le souvenir des torts du défunt, qu'il faudrait te répéter ses paroles mot à mot pour te peindre la pure inclination, l'amour et la fidélité de cet homme. Il faudrait posséder le talent du plus grand poète pour te faire sentir tout à la fois l'expression de ses gestes, l'harmonie de sa voix et le feu de ses regards. Non, aucun langage ne rendrait la tendresse qui animait ses yeux et son maintien; je ne produirais rien que de lourd. Je fus particulièrement touché des craintes qu'il avait que je ne vinsse à concevoir des idées injustes sur ses rapports avec elle, ou à la soupçonner d'une conduite qui ne fût pas irréprochable. Je ne puis retracer que dans le fond de mon cœur le sentiment que j'éprouvai à l'entendre parler de la figure de cette femme, qui, malgré la perte de sa première fraîcheur, le captivait, l'enchaînait si fortement. De ma vie je n'ai vu désirs plus ardents, passion plus véhémente accompagnée de tant de pureté ; je puis même le dire, je n'avais jamais imaginé, rêvé cette pureté. Ne me gronde pas, si je te dis qu'au souvenir de tant d'innocence et d'énergie, mon ame s'exalte ; l'image de cette tendresse si vraie me poursuit partout ; et comme embrasé des mêmes feux, je languis, je me meurs.

Je vais chercher à voir au plus tôt cette femme. Mais non, si j'y pense bien, je l'éviterai. Il vaut mieux ne la voir que par les yeux de son amant ; peut-être aux miens ne paraîtrait-elle pas telle qu'elle est à présent devant moi, et pourquoi chercher à gâter une si belle image ?

LETTRE X.

16 juin.

Pourquoi je ne t'écris pas? tu peux me demander cela, toi qui en as tant appris! Tu devais deviner que je me trouve bien, et même... Bref, j'ai fait une connaissance qui touche de plus près à mon cœur. J'ai... Je n'en sais rien.

Te raconter par ordre comment il s'est fait que je suis venu à connaître une des plus aimables créatures, cela deviendrait difficile. Je suis content et heureux, par conséquent mauvais historien.

Un ange! Oh! chacun en dit autant de la sienne, n'est-ce pas? et pourtant je ne suis pas en état de t'expliquer combien elle est parfaite, pourquoi elle est parfaite. Il suffit, elle asservit tout mon être.

Tant d'ingénuité avec tant d'esprit! tant

de bonté avec tant de force de caractère ! et le repos de l'ame au milieu de la vie la plus active!

Tout ce que je dis là d'elle n'est que du verbiage, de pitoyables abstractions qui ne rendent pas un seul de ses traits. Une autre fois... Non, pas une autre fois, mais je vais te le raconter tout de suite. Si je ne le fais pas à l'instant, cela ne se fera jamais; car, entre nous, depuis que j'ai commencé ma lettre, j'ai déjà été tenté trois fois de jeter ma plume, de faire seller mon cheval pour sortir. Cependant je m'étais promis ce matin que je ne sortirais point. A tout moment, je vais voir à la fenêtre si le soleil est encore bien haut.

Je n'ai pu résister; il a fallu aller chez elle. Me voilà de retour, mon ami ; je vais souper en t'écrivant. Quelles délices pour mon ame de la contempler au milieu du cercle charmant de ses frères et de ses sœurs, de huit enfants aimables !

Si je continue sur ce ton, tu ne seras guère plus savant à la fin qu'au commencement. Écoute donc; je vais essayer d'entrer dans des détails.

Je te mandai l'autre jour que j'avais fait la connaissance du bailli S***, et qu'il m'avait prié de l'aller voir bientôt dans son hermitage, ou plutôt dans son petit royaume. Je négligeai son invitation, et je ne serais peut-être jamais venu chez lui, si le hasard ne m'eût découvert le trésor enfoui dans ce canton solitaire.

Nos jeunes gens venaient d'arranger un bal à la campagne ; je consentis à être de partie. J'offris la main à une jeune personne de cette ville, douce, jolie, mais assez insignifiante. Il fut réglé que je conduirais ma danseuse et sa tante en voiture au lieu de la réunion, et que nous prendrions en chemin Charlotte S***. « Vous allez voir une bien jolie personne, » me dit ma compagne, quand nous traversâmes l'épaisse forêt qui conduit au pavillon de chasse. « Prenez garde de devenir amoureux, ajouta la tante. — Pourquoi donc? — Elle est déjà promise à un galant homme, que la mort de son père a obligé de partir, et qui est allé solliciter un emploi important. » J'appris ces détails avec assez d'indifférence.

Le soleil allait bientôt disparaître de l'horizon, quand notre voiture s'arrêta devant la porte de la cour. L'air était lourd; les dames témoignèrent leur crainte d'un orage que semblaient annoncer les nuages grisâtres et sombres amoncelés sur nos têtes. Je dissipai leur inquiétude en affectant une grande connaissance du temps, quoique je commençasse moi-même à me douter que la fête allait être bientôt troublée.

J'avais mis pied à terre; une servante qui parut à la porte nous pria d'attendre un instant mademoiselle Charlotte, qui allait venir. Je traversai la cour pour m'approcher de cette jolie maison; je montai le perron, et à l'entrée du vestibule, mes yeux furent frappés du plus ravissant spectacle que j'aie vu de ma vie. Six enfants, de deux ans jusqu'à onze, se pressaient autour d'une jeune fille, dont la taille était moyenne mais élégante. Elle avait une simple robe blanche, avec des nœuds couleur de rose aux bras et à la poitrine. Elle tenait un pain bis qu'elle distribuait à sa petite famille, en raison de l'âge et de l'appétit: elle donnait d'un air si gracieux, et chacun criait *merci* avec tant de naïveté ! Les petites mains en l'air avant que le morceau fût coupé, à mesure qu'ils recevaient leur souper, les uns s'enfuyaient en sautant, les autres, plus posés, se rendaient à la porte de la cour pour voir les dames étrangères, et la voiture qui devait emmener leur chère Lolotte. « Je vous demande pardon, me dit-elle, de vous avoir donné la peine de monter, et je suis fâchée de faire attendre ces dames. Ma toilette et les petits soins du ménage pour le temps de mon absence, m'ont fait oublier de donner à souper aux enfants, et ils ne veulent pas que d'autres que moi leur coupent du pain. » Je lui fis un compliment insignifiant, et mon ame tout entière s'attachait à sa figure, à son ton, à son maintien. J'eus à peine le temps de me remettre de ma surprise, pendant qu'elle alla dans une chambre voisine prendre ses gants et son éventail. Les enfants me regardaient à certaine distance et de côté ; j'avançai vers le plus jeune, qui avait une physionomie très-heureuse : il reculait effarouché, quand Charlotte entra, et lui dit : « Louis, donne la main à ton cousin. » Il me la donna d'un air rassuré ; malgré sa petite mine barbouillée , je ne pus m'empêcher de l'embrasser de bien bon cœur. « Cousin ! dis-je ensuite en présentant la main à Charlotte ; croyez-vous que je sois digne du bonheur de vous être allié ? — Oh ! reprit-elle avec un sourire malin , notre parenté est si étendue, j'ai tant de cousins, et je serais bien fâchée que vous fussiez le moins bon de la famille. » En partant , elle chargea Sophie, l'aînée après elle et âgée de onze ans , d'avoir l'œil sur les enfants , et d'embrasser leur père quand il reviendrait de sa promenade. Elle dit aux petits : « Vous obéirez à votre sœur Sophie comme à moi-même ? » Quelques-uns le promirent ; mais une petite blondine , de six ans, dit d'un air capable : « Ce ne sera pas toi, Lolotte ! et nous t'aimons bien mieux. » Les deux aînés des garçons étaient grimpés derrière la voiture : à ma prière , elle leur permit d'y rester jusqu'à l'entrée du bois, pourvu qu'ils promissent de ne pas se faire de niches, et de se bien tenir.

On se place ; les dames se font les compliments d'usage, et se communiquent leurs remarques sur leur toilette, et particulièrement sur les chapeaux ; on passe en revue la société qu'on s'attendait à trouver ; Charlotte fait arrêter, et ordonne enfin à ses frères de descendre. Ils la prièrent de leur donner encore une fois sa main à baiser : l'aîné y mit toute la tendresse d'un jeune homme de quinze ans ; le second, beaucoup d'étourderie et de vivacité. Elle les chargea de mille caresses pour les petits, et nous continuâmes notre route.

« Avez-vous achevé, dit la tante, le livre que je vous ai envoyé? — Non, répondit Charlotte, il ne me plaît pas ; vous pouvez le reprendre : le précédent ne valait pas mieux. » Je fus curieux de savoir quels étaient ces livres ; à ma grande surprise, j'appris que c'étaient les œuvres de*** (1). Je trouvais un grand carac-

(1) On a cru devoir supprimer la fin de ce passage, pour ne désobliger personne, quoique sans doute les auteurs n'attachent aucune importance au jugement isolé d'une jeune fille et à l'avis peu réfléchi d'un homme sans autorité.

(*Note de l'auteur allemand.*)

tère dans tout ce qu'elle disait ; je découvrais de nouveaux charmes dans chacune de ses paroles ; et ses traits, qui rayonnaient d'esprit, exprimaient sa joie de sentir que je la comprenais.

« Quand j'étais plus jeune, dit-elle, je n'aimais rien tant que les romans. Dieu sait quel plaisir c'était pour moi de me retirer le dimanche dans un coin solitaire, pour partager de toute mon ame la félicité ou les infortunes d'une miss Jenny ! Je ne prétends même pas que ce genre n'ait encore quelque charme pour moi; mais, puisque j'ai si rarement aujourd'hui le temps de prendre un livre, il faut du moins qu'il soit entièrement de mon goût. L'auteur que je préfère est celui qui me fait retrouver le monde où je vis, et qui peint ce qui m'entoure ; celui dont les récits intéressent mon cœur et me charment autant que ma vie domestique, qui, sans être un paradis, est cependant pour moi la source d'un bonheur inexprimable. »

Je m'efforçai de cacher l'émotion que me donnaient ces mots : je n'y réussis pas long-temps ; lorsque je l'entendis parler avec la plus touchante vérité du *Vicaire de Wakefield* et de quelques autres livres (1), je fus transporté hors de moi, et me mis à lui dire tout ce qui me passait par la tête. Ce fut seulement quand Charlotte adressa la parole à nos deux compagnes, que je m'aperçus qu'elles étaient là, les yeux ouverts, comme si elles n'y eussent pas été. La tante me regarda plus d'une fois d'un air moqueur, dont je m'embarrassai fort peu.

La conversation tomba sur le plaisir de la danse. « Que ce goût soit un défaut ou non, dit Charlotte, je vous avouerai franchement que je ne connais rien au-dessus de la danse. Quand j'ai quelque chose qui me tourmente, je n'ai qu'à jouer une contredanse sur mon clavecin, d'accord ou non, et tout va bien. »

---

(1) On s'est abstenu également ici de nommer quelques auteurs allemands. Ceux qui ont su mériter l'approbation de Charlotte le sauront par le témoignage de leur cœur en lisant ce passage ; et les autres n'ont pas besoin de savoir de quels livres elle parlait.

(*Note de l'auteur allemand.*)

Avec quelle avidité je contemplais ses beaux yeux noirs, pendant notre entretien ! comme ses lèvres vermeilles, ses joues fraîches et animées, charmaient mon âme entière ! Perdu dans le sens exquis de ses discours, souvent je n'entendais pas les expressions qu'elle employait. Tu peux te figurer cela, toi qui me connais. Bref, je descendis tout rêveur de la voiture, quand nous arrivâmes devant la maison du rendez-vous. Je marchais égaré dans les espaces imaginaires, au point de ne pas entendre la musique dont l'harmonie venait au-devant de nous, du fond de la salle illuminée.

MM. Audran et un certain N. N. (comment retenir tous ces noms ?), qui étaient les danseurs de la tante et de Charlotte, nous reçurent à la portière, s'emparèrent de leurs dames, et je montai avec la mienne.

Nous dansâmes d'abord plusieurs menuets : je priai toutes les femmes l'une après l'autre ; et les plus maussades étaient justement celles qui ne pouvaient se déterminer à donner la main pour en finir. Charlotte et son danseur commencèrent une anglaise, et tu sens combien je fus charmé quand elle vint à son tour figurer avec nous! Il faut la voir danser. Elle y est de tout son cœur, de toute son ame; tout en elle est harmonie, et elle s'abandonne à ses mouvements d'un air si dégagé, qu'elle semble ne sentir rien au monde, ne penser à rien qu'à la danse; et sans doute, en ce moment, toute autre chose est anéantie pour elle.

Je la priai pour la seconde contredanse; elle accepta pour la troisième, et m'assura, avec la plus aimable franchise, qu'elle dansait très-volontiers les allemandes. « C'est ici la mode, continua-t-elle, que pour les allemandes, chacun conserve la danseuse qu'il amène; mais mon cavalier valse mal, et il me saura gré de l'en dispenser. Votre dame n'y est pas exercée; elle ne s'en soucie pas non plus : j'ai remarqué, dans les anglaises, que vous valsiez bien; si donc vous désirez que nous valsions ensemble, allez me demander à mon cavalier, et je vais en parler de mon côté à votre dame. » J'acceptai la proposition, et il fut bientôt arrangé que pendant notre valse le cavalier de Charlotte causerait avec ma danseuse,

On commença l'allemande : nous nous amusâmes d'abord à mille passes de bras. Quelle grâce, que de souplesse dans tous ses mouvements! Quand on en vint aux valses, et que nous tournâmes les uns autour des autres comme les globes célestes, il y eut d'abord quelque confusion, peu de danseurs étant au fait. Nous fûmes assez prudents pour attendre qu'ils eussent jeté leur feu ; et les plus gauches ayant renoncé à la partie, nous nous emparâmes du parquet, et reprîmes avec une nouvelle ardeur, secondés par Audran et sa danseuse. Jamais je ne me sentis si agile ; je n'étais plus un homme. Tenir dans ses bras la plus charmante des créatures ! voler avec elle comme l'éclair ! voir tout passer comme le tourbillon ! sentir !.... Mon ami, pour être sincère, je fis alors le serment qu'une femme que j'aimerais, sur laquelle j'aurais des prétentions, ne valserait jamais qu'avec moi, dussé-je périr ! tu me comprends.

Nous fîmes quelques tours de salle en marchant, pour reprendre haleine ; après quoi elle s'assit. J'allai lui chercher les oranges que j'avais mises en réserve, les seules qui fussent restées. Ce rafraîchissement lui fit grand plaisir; mais à chaque quartier qu'elle offrait, par procédé, à une indiscrète voisine, je me sentais percer d'un coup de poignard.

A la troisième contredanse anglaise, nous étions le second couple. Comme nous descendions la colonne, et que, transporté de mon bonheur, je suivais tous ses pas et le mouvement de ses yeux, où brillait le plaisir dans toute sa pureté, nous vînmes figurer devant une femme qui, quoiqu'elle ne fût pas de la première jeunesse, m'avait frappé par l'aménité de sa physionomie. Elle regarda Charlotte en souriant, la menaça du doigt, et prononça deux fois en passant le nom d'Albert, d'un ton significatif.

« Quel est cet Albert, dis-je à Charlotte, s'il n'y a point d'indiscrétion à le demander? » Elle allait me répondre, quand il fallut nous séparer pour faire la grande chaîne; et, en repassant devant elle, je crus voir sur son front la trace de quelques soucis. « Pourquoi vous le cacherais-je ? me dit-elle en m'offrant la main pour la promenade, Albert est un galant homme auquel je suis promise. » Ce n'était point une nouvelle pour moi, puisque les dames me l'avaient dit en chemin ; mais à présent que quelques instans avaient suffi pour me la rendre si chère, l'idée me frappa comme une chose inattendue à laquelle je n'avais pu songer. Je me troublai ; je m'oubliai ; je dérangeai tout ; il fallut que Charlotte me menât ; elle eut besoin de toute sa présence d'esprit pour rétablir l'ordre.

La danse n'était pas encore finie, que les éclairs, qui brillaient depuis long-temps à l'horizon, et que j'avais toujours donnés pour des éclairs de chaleur, commencèrent à devenir beaucoup plus forts ; le bruit du tonnerre couvrait la musique. Trois femmes s'échappèrent de leurs rangs ; leurs cavaliers les suivirent ; le désordre fut général, et l'orchestre se tut. Il est naturel, lorsqu'un accident ou une terreur subite nous surprend dans le plaisir, que l'impression en devienne plus vive qu'en tout autre temps, soit à raison du contraste qui se fait si violemment sentir, soit parce que tous nos sens étant éveillés se trouvent plus susceptibles d'éprouver une émotion forte et rapide. C'est à ces causes que je dois attribuer les étranges grimaces que je vis faire à plusieurs femmes. La plus sensée alla se réfugier dans un coin, le dos tourné à la fenêtre, et se boucha les oreilles; une autre, à genoux, cachait sa tête dans le sein de la première; une troisième, qui s'était glissée entre les deux, embrassait sa petite sœur en versant des larmes. Quelques-unes voulaient se retirer chez elles; d'autres, qui savaient encore moins ce qu'elles faisaient, n'avaient plus même assez de présence d'esprit pour réprimer l'audace de nos jeunes étourdis, qui semblaient fort occupés à intercepter, sur les lèvres des belles éplorées, les ardentes prières qu'elles adressaient au Ciel. Une partie des hommes étaient descendus pour fumer tranquillement leur pipe; le reste de la société accepta la proposition de l'hôtesse, qui s'avisa, fort à propos, de nous indiquer une chambre où il y avait des volets et des rideaux. A peine fûmes-nous entrés, que Charlotte se mit à former un cercle de toutes les chaises,

Tout le monde s'étant assis à sa prière, elle proposa un jeu.

A ce mot, je vis plusieurs de nos jeunes gens, dans l'espoir d'un doux gage, se rengorger d'avance et se donner un maintien aisé. « Nous jouerons *à compter*, dit-elle; faites attention! Je vais tourner toujours de droite à gauche; il faut que chacun nomme le nombre qui lui tombe, cela doit aller comme un feu roulant. Qui hésite ou se trompe reçoit un soufflet, et ainsi de suite, jusqu'à mille. » C'était charmant à voir! Elle tournait en rond, le bras tendu. Un, dit le premier; deux, le second; trois, le suivant, etc. Alors elle alla plus vite, toujours plus vite. L'un manque : paf! un soufflet. Le voisin rit, manque aussi : paf! nouveau soufflet, et elle d'augmenter toujours de vitesse. J'en reçus deux pour ma part, et crus remarquer, avec un plaisir secret, qu'elle me les appliquait plus fort qu'à tout autre. Des éclats de rire et un vacarme universel mirent fin au jeu, avant que l'on eût compté jusqu'à mille : alors les connaissances intimes se rapprochèrent : l'orage était passé : moi, je suivis Charlotte dans la salle. « Les soufflets, me dit-elle en chemin, leur ont fait oublier le tonnerre et tout. » Je ne pus rien lui répondre. « J'étais une des plus peureuses, continuat-elle ; mais en affectant du courage pour en donner aux autres, je suis vraiment devenue courageuse » Nous nous approchâmes de la fenêtre. Le tonnerre se faisait encore entendre dans le lointain ; une pluie bienfaisante ruisselait sur les champs ; un air pur nous apportait les parfums qui s'exhalaient de la terre. Charlotte s'appuyait sur son coude : ses regards parcouraient la contrée ; puis elle tourna vers le ciel et sur moi ses yeux remplis de larmes ; elle posa une main sur la mienne, et dit : *O Klopstock!* Je me rappelai à l'instant cette ode divine qui occupait sa pensée, et je fus entraîné par le torrent des sensations exquises que ce mot seul répandait sur moi. Je succombais ; je me penchai sur sa main que je baisai en la mouillant de larmes délicieuses. Je contemplai ses yeux encore.... Klopstock ! noble poète ! que n'as-tu vu ton apothéose dans ces regards ! et moi, puissé-je n'entendre plus prononcer ton nom, si souvent profané !

LETTRE XI.

19 juin.

Je ne sais plus où j'en suis resté de mon récit. Ce que je sais mieux, c'est qu'il était deux heures du matin quand je me couchai, et que si j'avais pu jaser avec toi, au lieu d'écrire, je t'aurais peut-être tenu jusqu'au jour.

Je ne t'ai pas conté ce qui s'est passé à notre retour du bal ; mais le temps me manque aujourd'hui.

L'aurore était magnifique ; le soleil commençait à éclairer la forêt ; l'eau tombait goutte à goutte des feuilles ; les champs étaient reverdis. Nos deux compagnes dormaient. Elle me demanda si je ne voulais pas en faire autant. « De grâce, me dit-elle, ne vous gênez pas pour moi. — Tant que je vois ces yeux ouverts, lui répondis-je (et je la regardais

fixement), je ne puis fermer les miens. »
Nous tînmes bon jusqu'à sa porte. Une servante vint doucement nous ouvrir, et, sur sa demande, l'assura que son père et les enfants se portaient bien et dormaient encore. Je la quittai, en lui demandant la permission de la revoir le jour même ; elle y consentit, et je l'ai revue. Depuis ce temps-là, soleil, lune, étoiles, peuvent s'arranger à leur fantaisie ; je ne sais plus quand il est jour, quand il est nuit : l'univers a disparu autour de moi.

LETTRE XII.

21 juin.

Je coule des jours aussi heureux que ceux que Dieu réserve à ses élus; quelque chose qui m'arrive désormais, je ne pourrai pas dire que je n'ai pas connu le bonheur, le bonheur le plus pur de la vie. Tu connais mon Wahlheim; j'y suis entièrement établi. Je n'ai qu'une demi-lieue jusqu'à Charlotte; là, je me sens moi-même, je jouis de toute la félicité qui ait été donnée aux hommes.

L'aurais-je pensé, quand je prenais ce Wahlheim pour but de mes promenades, qu'il était situé si près du séjour céleste? Combien de fois, dans mes longues courses, tantôt du haut de la montagne, tantôt du vallon au-delà de la rivière, ai-je aperçu ce pavillon qui renferme aujourd'hui l'objet de tous mes vœux!

J'ai réfléchi mille fois sur ce désir de l'homme de s'étendre, de faire de nouvelles découvertes, d'errer au hasard ; puis, de l'autre côté, sur ce penchant intérieur à se restreindre volontairement dans des bornes, à suivre l'ornière de l'habitude, sans plus s'inquiéter de ce qui se passe à droite et à gauche.

Chose étonnante ! Lorsque je vins ici, et que pour la première fois je découvris de la colline cette riante vallée, comme je me sentis attiré de toutes parts ! Là-bas le bois !... ah ! si tu pouvais t'enfoncer sous son ombrage !..... Plus haut le sommet des montagnes !... ah ! si tu pouvais de là promener tes regards sur ce vaste paysage, sur cette chaîne de collines et ces paisibles vallons !... Oh ! que ne puis-je m'y égarer ! J'y volais, et je revenais sans avoir trouvé ce que je cherchais. Il en est de l'éloignement comme de l'avenir : à travers le crépuscule notre ame voit flotter un objet vague et imposant ; tous nos sens y aspirent, comme nos regards s'y portent ; nous brûlons de sacrifier tout notre être, pour nous pénétrer sans partage d'une sensation unique et délicieuse.

Mais, hélas! quand nous avons atteint le but, quand cet avenir est devenu le présent, rien n'a changé; nous restons dans notre misère, dans nos étroites limites, et notre ame épuisée se consume de l'ardent besoin de ressaisir la coupe rafraîchissante.

Ainsi, dans ses courses vagabondes, le voyageur, toujours inquiet, soupire après sa patrie : revenu à sa chaumière, il trouve auprès de sa femme, dans les caresses de ses enfants et dans les soins même qu'exige leur entretien, le bonheur paisible qu'il demandait en vain à ce vaste univers.

Souvent le matin, dès le lever du soleil, je me rends à mon cher Wahlheim; je cueille moi-même mes petits pois dans le jardin de mon hôtesse; je m'assieds pour les écosser en lisant Homère; puis, dans la petite cuisine, je prépare du beurre au fond d'un poêlon; je mets les pois sur le feu; je les recouvre, et je m'établis près du foyer pour les soigner : alors mon imagination me retrace les fiers amants de Pénélope, égorgeant, dépeçant et rôtissant les bœufs et les sangliers. Rien ne me procure de jouissance plus réelle, plus douce, que ces traits de la vie patriarcale, dont je puis, sans affectation, grâce à Dieu, entrelacer le tissu de ma vie.

Que je suis heureux d'avoir un cœur fait pour sentir la joie innocente et simple de l'homme qui pose sur sa table le chou qu'il a lui-même élevé! Il ne jouit pas seulement du chou, mais il se rappelle encore la belle matinée où il le planta, les délicieuses soirées où il l'arrosa, et le plaisir qu'il éprouvait en voyant sa croissance progressive.

LETTRE XIII.

29 juin.

Avant-hier, le médecin vint de la ville voir le bailli : il me trouva à terre entouré des enfants ; les uns grimpaient sur moi, les autres me pinçaient ; moi, je les chatouillais, et tous ensemble nous jetions de grands cris. Le docteur, qui est une vraie marionnette dogmatique, toujours occupé, en parlant, d'arranger les plis de ses manchettes et d'étaler un énorme jabot, regardait ma façon d'agir comme au-dessous de la dignité d'un homme sensé : je m'en aperçus bien à sa mine. Je n'en fus point déconcerté ; je lui laissai débiter les choses les plus profondes, et je relevai le château de cartes que les enfants avaient renversé. Aussi le docteur repartit pour la ville en se plaignant que les enfants du bailli n'étaient déjà que trop mal élevés, et que ce Werther les gâtait maintenant tout-à-fait.

Oui, mon ami, c'est aux enfants que mon cœur s'intéresse le plus sur la terre. Quand je les examine, et que, dans la circonstance la moins importante, je vois le germe de toutes les vertus, de toutes les facultés qu'ils développeront un jour avec tant de fruit; quand je découvre dans leur opiniâtreté ce qui deviendra constance et fermeté de caractère; quand je reconnais dans leur pétulance et leurs espiègleries même, l'humeur gaie et légère qui les fera glisser à travers les dangers de la vie; et tout cela si franc, si pur!... alors je répète toujours ces belles paroles du divin législateur des Chrétiens: *Si vous ne devenez comme l'un d'eux*. Et cependant, mon ami, ces enfants, nos égaux, et que nous devrions regarder comme nos modèles, nous les traitons comme nos sujets!... Il ne faut pas qu'ils aient des volontés!... N'avons-nous pas les nôtres? où donc est notre privilége?... Est-ce parce que nous sommes plus âgés et plus sages? Dieu tout-puissant! du haut de ton trône, tu vois de vieux enfants, et de jeunes enfants et rien de plus : depuis long-temps ton fils nous a fait connaître ceux qui te plaisent le plus. Mais ces gens-là croient en lui, et ne l'écoutent pas... Ils furent toujours ainsi, et ils rendent leurs enfants semblables à eux-mêmes, et... Adieu, adieu ; je ne veux pas radoter davantage.

LETTRE XIV.

1er juillet.

Mon pauvre cœur, plus souffrant que tel malheureux étendu sur un lit de douleur, sent bien tout ce que doit être Charlotte pour un malade! Elle va passer quelques jours à la ville, près d'une excellente femme qui, selon l'avis des médecins, approche du terme de sa carrière, et désire la présence de Charlotte dans ses derniers moments. J'allai, la semaine dernière, visiter avec elle le pasteur de Saint***, petit village situé dans les montagnes, à une lieue d'ici; nous y arrivâmes sur les quatre heures. Elle avait emmené sa sœur cadette. Lorsque nous entrâmes dans la cour du presbytère, ombragée par deux gros noyers, nous vîmes le bon vieillard assis sur un banc, à la porte de la maison : dès qu'il aperçut Charlotte, il sembla reprendre une vie nouvelle ; il oublia son bâton noueux, et hasarda de venir au-devant d'elle. Elle courut à lui, le força de se rasseoir, se mit à ses côtés, lui présenta les salutations de son père, et embrassa son petit garçon, enfant gâté de ses parents, tout malpropre et désagréable qu'il fût. Si tu avais vu comme elle s'occupait du vieillard, comme elle élevait la voix pour se rendre intelligible à son oreille affaiblie ; comme elle lui racontait la mort subite de jeunes gens robustes ; comme elle vantait les vertus des eaux de Carlsbad, en approuvant sa résolution d'y passer l'été prochain ; comme elle trouvait qu'il avait bien meilleur visage, et l'air plus vif, depuis la dernière fois qu'elle l'avait vu! Pendant ce temps, j'avais rendu mes devoirs à la femme du pasteur. Le vieillard était tout-à-fait joyeux. Comme je ne pus m'empêcher de louer les beaux noyers qui nous prêtaient un ombrage si agréable, il commença, quoique avec quelque difficulté, à nous faire leur histoire. « Quant au vieux, dit-il, nous « ignorons qui l'a planté : les uns nomment

« tel pasteur ; les autres, tel autre. Mais le
« jeune a précisément l'âge de ma femme,
« cinquante ans au mois d'octobre. Son père
« le planta le matin ; elle vint au monde vers
« le soir. C'était mon prédécesseur. On ne
« peut dire combien cet arbre lui était cher :
« il ne me l'est certainement pas moins. Ma
« femme tricotait, assise sur une poutre, au
« pied de ce noyer, lorsque, pauvre étudiant,
« je vins pour la première fois dans cette cour,
« il y a vingt sept ans. » Charlotte lui demanda
où était sa fille : on nous dit qu'elle était allée
à la prairie, avec M. Schmidt, voir les ouvriers ; et le vieillard continua son récit. Il
nous conta comment son prédécesseur l'avait
pris en affection, comment il plut à la jeune
fille, comment il devint d'abord le vicaire du
père, et puis son successeur. Il avait tout au
plus fini son histoire, lorsque la jeune personne, accompagnée de M. Schmidt, revint par
le jardin. Elle fit à Charlotte l'accueil le plus
aimable et le plus cordial. Je dois avouer
qu'elle ne me déplut pas ; c'est une petite
brune, vive et bien faite, qui ferait passer

agréablement le temps à la campagne. Son amant (car nous donnâmes tout de suite cette qualité à M. Schmidt), homme de bonne tournure, mais très-froid, ne se mêla point de notre conversation, quoique Charlotte l'y excitât sans cesse. Ce qui me fit le plus de peine, c'est que je crus remarquer, à l'expression de sa physionomie, que c'était plutôt par caprice ou mauvaise humeur que par défaut d'esprit qu'il se dispensait d'y prendre part. Cela devint bientôt plus clair : car Frédérique était allée se promener avec Charlotte, et se trouvant par hasard près de moi, le visage de M. Schmidt, déjà brun naturellement, se couvrit d'une teinte si sombre, que Charlotte me tira par le bras, et me fit entendre que j'étais trop empressé avec Frédérique. Rien ne m'afflige davantage que de voir les hommes se tourmenter réciproquement, surtout quand des jeunes gens, à la fleur de l'âge, à portée de jouir de tous les plaisirs, gâtent par ces manières insensées le peu de beaux jours qui leur sont réservés, et s'aperçoivent trop tard de l'irréparable abus qu'ils en ont fait; cela me tourmentait. Lorsque le soir, de retour au presbytère, nous fûmes réunis à l'entour d'une table pour prendre du laitage, et que la conversation tomba sur les plaisirs et les peines de la vie, je ne pus m'empêcher de saisir cette occasion, et de déclamer vivement contre la mauvaise humeur. « Nous nous plaignons souvent, dis-je, que nous avons si peu de beaux jours et tant de mauvais; il me semble qu'ordinairement nous nous plaignons à tort. Si notre cœur était toujours ouvert au bien que Dieu nous dispense chaque jour, nous aurions alors assez de forces pour supporter le mal quand il se présente. — Mais nous ne sommes pas maîtres de notre humeur, dit la femme du pasteur; combien elle dépend de notre situation physique! quand l'une est dérangée, l'autre en souffre aussitôt. » Je lui accordai cela. « Ainsi traitons la mauvaise humeur, continuai-je, comme une maladie, et demandons-nous s'il n'y a point de moyen de guérison. — A la bonne heure, dit Charlotte: je crois du moins que nous y pouvons beaucoup. Je le sais par ma propre expérience. Si quelque chose me tourmente et que je me sente attrister, je cours au jardin : à peine ai-je chanté deux ou trois airs de danse, en me promenant, que tout est dissipé. — C'est ce que je voulais dire, ajoutai-je : il en est de la mauvaise humeur comme de la paresse, car c'est une espèce de paresse ; nous y sommes portés par notre nature, et cependant, si nous avons la force de nous ranimer, le travail s'exécute avec aisance, et nous trouvons un véritable plaisir dans l'activité. » Frédérique m'écoutait attentivement. Le jeune homme m'objecta que l'on n'était pas maître de soi-même, ou que du moins on ne pouvait pas commander à ses sentiments. « Il s'agit ici, répliquai-je, d'un sentiment désagréable, dont chacun serait bien aise d'être délivré, et personne ne connaît l'étendue de ses forces avant de les avoir mises à l'épreuve.

« Assurément un malade consultera tous les médecins, et il ne refusera pas le régime le plus austère, les potions les plus amères, pour recouvrer sa santé si précieuse. » Je vis que le bon vieillard s'efforçait de prendre part à notre discussion; j'élevai la voix, et je lui adressai la parole. « On prêche contre tant de vices, lui dis-je; je n'ai pas encore appris qu'on se soit occupé, en chaire, de la mauvaise humeur (1). — C'est aux prédicateurs des villes à le faire, répondit-il ; les gens de la campagne ne connaissent pas l'humeur : il n'y aurait pourtant pas de mal d'en dire quelque chose de temps en temps ; ce serait une leçon pour ma femme, au moins, et pour M. le bailli. » Tout le monde rit, il rit lui-même de bon cœur, jusqu'à ce qu'il lui prît une toux qui interrompit quelque temps notre entretien. Le jeune homme reprit la parole : « Vous avez nommé la mauvaise humeur un vice; cela me semble exagéré. — Pas du tout, lui répondis-je, si ce qui nuit à soi-même et au prochain mérite ce nom. N'est-ce pas assez que nous ne puissions pas nous rendre

---

(1) Il existe sur ce sujet un excellent sermon de Lavater. Il se trouve parmi les sermons sur le livre de Jonas.

(*Note de l'auteur allemand*)

mutuellement heureux? faut-il encore nous priver l'un l'autre du plaisir que chacun peut goûter au fond du cœur? Nommez-moi l'homme de mauvaise humeur qui possède assez de force pour la cacher, pour la supporter seul, sans troubler la joie de ceux qui l'entourent. Ou bien n'est-ce pas plutôt un mécontentement intérieur, un chagrin causé par le sentiment intime de notre insuffisance, auquel se joint l'envie excitée par une folle vanité? Nous voyons des hommes heureux qui ne nous doivent rien de leur bonheur, et cela nous est insupportable. » Charlotte sourit de la vivacité de mes expressions ; une larme que j'aperçus dans les yeux de Frédérique m'excita à continuer. « Malheur à ceux, m'écriai-je, qui se servent du pouvoir qu'ils ont sur un cœur, pour lui ravir les jouissances pures qui y germent d'elles-mêmes ! Tous les présents, toutes les complaisances du monde ne dédommagent pas d'un moment de plaisir empoisonné par le dépit et l'odieuse conduite d'un tyran. »

Mon cœur était plein dans cet instant ; le souvenir de tant d'événements passés oppressait mon ame, et mes yeux se remplissaient de larmes.

« Si chacun de nous, m'écriai-je, se disait tous les jours : Tu n'as d'autre pouvoir sur tes amis que de leur laisser leurs plaisirs, et d'augmenter leur bonheur en le partageant avec eux. Est-il en ta puissance, lorsque leur ame est agitée par une passion violente, ou flétrie par la douleur, d'y verser un goutte de baume consolateur?

« Et lorsque la dernière, la plus violente maladie accable l'infortunée que tu as minée au milieu de ses beaux jours; lorsque, cédant au plus triste abattement, elle est étendue devant toi, qu'elle lève au ciel ses yeux éteints, et que la sueur de la mort découle de son front décoloré; debout près de son lit, comme un réprouvé, tu sens que ta fortune entière, que ce remords qui déchire ton ame, que tout est inutile, et que tu ne peux donner à cet être mourant une étincelle de courage et de vie. »

Le souvenir d'une scène semblable, dont je fus témoin, se retraçait en ce moment à mon imagination, dans toute sa force. Je portai mon mouchoir à mes yeux et je quittai la réunion ; la voix de Charlotte qui me criait : « Allons, partons, » me fit revenir à moi. Comme elle m'a grondé en chemin sur l'exaltation que je mets à tout, et qui sera cause de ma perte ! comme elle m'a engagé à me modérer ! O fille angélique, je vivrai pour l'amour de toi !

LETTRE XV.

6 juillet.

Elle est toujours près de sa mourante amie; elle est toujours la même : toujours cet être angélique et bienfaisant, dont le regard adoucit les souffrances et fait des heureux. Hier soir elle alla se promener avec Marianne et la petite Amélie; je le savais, je les rencontrai, et nous restâmes tous ensemble. Après avoir fait près d'une lieue et demie, nous retournâmes vers la ville, à cette fontaine qui m'était déjà si chère, et qui maintenant me l'est mille fois davantage. Charlotte s'assit sur le petit mur, nous restâmes debout devant elle. Je regardai autour de moi. Hélas! cette époque où mon cœur était isolé se représentait à ma pensée! « Fontaine chérie! m'écriai-je, depuis long-temps je ne me repose plus à ta douce fraîcheur, et souvent même, en passant, je ne te regarde pas. » En jetant les yeux plus bas, je vis monter la petite Amélie, très-embarrassée d'un verre d'eau. Je regardai Charlotte, et je sentis tout ce qu'elle était pour moi. Amélie nous rejoignit enfin avec son verre; Marianne voulut le lui prendre. « Non, s'écria l'enfant avec l'expression la plus aimable, non, c'est à toi, Lolotte, à boire la première. » Je fus si ravi de la vérité, de la bonté qu'exprimait son exclamation, que je ne pus rendre ce que j'éprouvais qu'en soulevant la petite et en l'embrassant avec tant de véhémence, qu'elle se mit à pleurer et à crier de toutes ses forces. « Vous lui avez fait mal,» dit Charlotte. J'étais consterné. « Viens, Amélie, continua-t-elle, en la prenant par la main pour descendre les marches; lave-toi dans l'eau fraîche, vite, vite; ce ne sera rien.» Je restai à regarder avec quel soin l'enfant se frottait les joues, de ses petites mains mouillées; et avec quelle bonne foi elle croyait que cette fontaine merveilleuse enlevait toute souillure, et lui épargnerait la honte de se voir pousser une horrible barbe. Charlotte lui disait: c'est *assez*; la petite continuait toujours de se frotter, comme si beaucoup eût dû faire plus d'effet que peu. Je t'assure, mon ami, que je n'assistai jamais avec plus de respect à un baptême; et lorsque Charlotte remonta près de nous, je me serais volontiers prosterné devant elle, comme devant un prophète qui vient d'expier les iniquités d'une nation.

Le soir même, je ne pus m'empêcher, dans la joie de mon cœur, de raconter cette scène à un homme que je supposais sensible, parce qu'il a de l'esprit; mais je m'adressais bien! Il me dit que Charlotte avait eu grand tort; il ne fallait jamais rien faire accroire aux enfants; c'est donner naissance à une infinité d'erreurs et de superstitions, dont il fallait, au contraire, les garantir le plus tôt possible. Je me rappelai qu'il avait fait baptiser un de ses enfants, il y a huit jours; je le laissai dire, et je restai fidèle à la vérité, au fond de mon cœur. Agissons avec les enfants comme Dieu agit avec nous; nous ne sommes pas plus heureux que lorsqu'il nous laisse errer au milieu d'illusions séduisantes.

LETTRE XVI.

8 juillet.

Que l'on est enfant! quel prix on attache à un regard! que l'on est enfant! Nous étions allés à Wahlheim. Les dames sortirent en voiture, et pendant la promenade je crus que les yeux noirs de Charlotte...... Je suis un insensé, pardonne-le-moi! Il faudrait les voir, ces yeux! Pour être bref (car je tombe de sommeil), les dames étaient donc montées en voiture; le jeune W., Selstadt, Audran et moi, nous entourions le carrosse. Les dames causaient par la portière avec ces jeunes gens pleins d'étourderie et de vivacité. Je cherchais les yeux de Charlotte. Ah! ils allaient de l'un à l'autre; mais sur moi! moi! sur moi qui tout entier étais absorbé en elle, ils ne s'arrêtèrent pas une seule fois! Mon cœur lui adressait mille adieux ! et elle ne me voyait point ! La voiture partit, et une larme vint mouiller ma paupière. Je la suivis des yeux, j'aperçus à une des portières la coiffure de Charlotte : elle se penchait pour regarder : hélas ! était-ce moi ! Mon ami, je flotte dans cette incertitude ; elle fait ma consolation. Peut-être me cherchait-elle ! peut-être ! bonne nuit ! oh ! que je suis enfant !

LETTRE XVII.

10 juillet.

Quelle sotte figure je fais dans un cercle lorsqu'on parle d'elle! Si tu me voyais, quand on me demande seulement si elle me plaît! *Plaire!* Je hais ce mot à la mort! quel serait l'homme à qui Charlotte plairait, et dont elle ne remplirait pas tous les sens, dont elle n'absorberait pas toutes les facultés! *Plaire!* Dernièrement quelqu'un me demandait si Ossian me plaisait!

LETTRE XVIII.

11 juillet.

Madame M*** est fort mal ; je prie pour sa vie, car je souffre avec Charlotte. Je ne la vois que rarement chez mon amie ; elle m'a fait aujourd'hui un singulier récit. Le vieux M*** est un ladre fieffé qui a bien tourmenté sa femme pendant toute sa vie, et qui la tenait de fort près ; elle a cependant toujours su se tirer d'affaire. Il y a quelques jours, lorsque le médecin l'eut condamnée, elle fit appeler son mari. Charlotte était présente ; elle lui parla en ces termes : « Il faut que je « t'avoue une chose qui, après ma mort, « pourrait causer de l'embarras et du chagrin. « J'ai conduit jusqu'à présent le ménage avec « autant d'ordre et d'économie qu'il m'a été « possible ; mais il faut que tu me pardonnes

« de l'avoir trompé pendant trente ans. Au
« commencement de notre mariage, tu fixas
« une somme modique pour la table et les
« autres dépenses de la maison. Notre ménage
« devint plus fort ; notre commerce s'éten-
« dit ; je ne pus jamais obtenir que tu aug-
« mentasses en proportion la somme fixée ;
« tu sais que dans le temps de nos plus fortes
« dépenses, tu exigeas qu'elles fussent cou-
« vertes avec sept florins par semaine. Je me
« soumis sans répliquer ; mais, chaque se-
« maine, je pris le surplus dans ta caisse ;
« personne ne pouvait soupçonner ta femme
« de la voler. Je n'ai rien dissipé ; pleine de
« confiance, je serais allée au-devant de l'éter-
« nité sans faire cet aveu ; mais celle qui di-
« rigera le ménage après moi, ne saurait peut-
« être pas se tirer d'embarras, et tu soutiendrais
« toujours que ta première femme n'avait pas
« davantage. »

Je m'entretins avec Charlotte de l'inconce-
vable aveuglement de l'esprit humain. Il est
incroyable qu'un homme ne soupçonne pas
quelque dessous de cartes, lorsque avec sept

florins on fait face à des dépenses qui doivent monter au double. J'ai cependant connu des personnes qui ne se seraient pas étonnées de voir dans leur maison l'inépuisable cruche d'huile du prophète.

LETTRE XIX.

13 juillet.

Non, ce n'est point une illusion ! Je lis dans ses yeux le sincère intérêt qu'elle prend à moi et à ma destinée. Oui, je sens, et sur ce point je puis m'en rapporter à mon cœur, je sens qu'elle... Oh ! l'oserai-je ? oserai-je prononcer ces paroles qui m'ouvrent le ciel ?... Elle m'aime !

Elle m'aime ! Combien j'ai gagné dans ma propre estime ! Combien, j'ose te le dire à toi, tu m'entendras... combien je me suis devenu cher, depuis qu'elle m'aime !

Est-ce présomption, ou bien le sentiment, la réalité ?... Je ne connais pas l'homme dont je redoutais l'influence sur le cœur de Charlotte : et cependant, lorsqu'elle parle de son fiancé avec tant de chaleur, avec tant d'affection, je suis alors dans l'état de l'homme que l'on dégrade, à qui l'on enlève ses titres, ses charges, et qui est forcé de rendre son épée.

LETTRE XX.

16 juillet.

Oh! quelle sensation circule dans toutes mes veines, si par hasard mes doigts touchent les siens, si nos pieds se rencontrent sous la table! je les retire comme s'ils étaient dans le feu; mais une force secrète me repousse en avant... Quel délire s'empare de mes sens?... Oh! ton innocence, la pureté de son ame ne lui permet pas de sentir combien les plus légères familiarités me mettent à la torture. Lorsqu'en parlant elle pose sa main sur la mienne, que dans la chaleur de la conversation elle se rapproche de moi, que le souffle céleste de sa bouche effleure mes lèvres, alors je me sens anéantir, comme si j'étais frappé de la foudre. Oh! mon ami, si jamais je songeais... cette félicité céleste... cette confiance... Tu me comprends. Non, mon cœur n'est pas si corrompu ! mais faible ! ah, bien faible ! et cela n'est-il pas de la corruption ?

Elle est sacrée pour moi ; tout désir se tait en sa présence. Je ne me reconnais plus quand je suis près d'elle : il semble que mon ame se répand dans tous mes nerfs. Elle a un air qu'elle joue sur son clavecin avec l'expression d'un ange ; comme il est simple et énergique, c'est le morceau qu'elle préfère ; dès que j'entends la première note, mes peines, mes soucis, mes chagrins, tout a disparu.

Je ne trouve aucune invraisemblance à ce que l'on nous dit de l'effet magique produit par la musique sur les Anciens, depuis que j'éprouve le pouvoir de cette ravissante mélodie. Souvent elle me la fait entendre au moment où je me sens disposé à me brûler la cervelle. L'agitation qui obscurcit les facultés de mon ame se calme, et de nouveau je respire librement.

LETTRE XXI.

18 juillet.

Mon ami, qu'est-ce que le monde à notre cœur, sans l'amour? ce qu'est une lanterne magique sans lumière. Mais au premier rayon de clarté, la blanche muraille se revêt de mille figures, des couleurs les plus variées. Et n'y eût-il rien que ces fantômes passagers, ne sommes-nous pas heureux, quand aux beaux jours de notre enfance nous nous extasions devant ce merveilleux spectacle? Aujourd'hui je ne pouvais aller voir Charlotte; une inévitable visite me retenait chez moi. Que faire? J'envoyai chez elle mon domestique, afin d'avoir au moins près de moi quelqu'un qui en eût approché dans la journée. Avec quelle impatience j'attendais son retour! avec quelle joie je le revis! Si je l'avais osé, je me serais jeté à son cou et je l'aurais embrassé.

On prétend que la pierre de Bologne exposée au soleil se pénètre de ses rayons, et acquiert la propriété d'éclairer une partie de la nuit; il en était de même de mon jeune homme. L'idée que les yeux de Charlotte s'étaient arrêtés sur ses traits, sur ses joues, sur les boutons et le collet de sa redingote, me rendait tout cela si cher, si sacré! Je n'aurais pas donné ce garçon pour son pesant d'or! sa présence me faisait tant de bien!.... Dieu te préserve d'en rire! Mon ami, peut-on appeler illusion ce qui nous donne tant de plaisir?

LETTRE XXII.

19 juillet.

Je la verrai ! m'écriais-je en me réveillant, lorsque le vif éclat du soleil frappait mes regards. Je la verrai ! je n'ai plus aucun souhait à former pour la journée entière. Tout, oui, tout est absorbé par cet espoir !

LETTRE XXIII.

20 juillet.

Votre idée de me faire partir pour*** avec l'ambassadeur, est loin de me convenir. Je ne suis pas très-disposé à la subordination, et nous savons tous que cet homme est des plus difficiles à vivre. Ma mère, dis-tu, voudrait me voir une occupation : cela m'a fait rire. Ne suis-je donc pas occupé à présent ? Et, au fond, n'est-ce pas la même chose que je cueille des pois ou des lentilles ! Tout dans cette vie aboutit à des niaiseries; et l'homme qui, sans autre motif que la volonté des autres, sans être entraîné par son propre goût, se tue à travailler pour de l'argent, pour des honneurs, ou pour quelque chose que ce soit, est toujours un insensé.

LETTRE XXIV.

24 juillet.

Puisque tu tiens tant à ce que je ne néglige pas le dessin, je ferais peut-être mieux de me taire tout-à-fait sur cet article, que de te dire que, depuis long-temps, je m'en suis bien peu occupé.

Jamais je ne fus plus heureux; jamais mon admiration pour la nature, qui s'attache jusqu'aux petits cailloux, jusqu'au moindre brin d'herbe, ne fut plus entière, plus passionnée; et cependant..... Je ne sais comment m'exprimer; mes facultés imitatives ont si peu d'énergie, tout flotte et balance tellement devant mon esprit, que je ne puis saisir un contour; mais je me figure que, si j'avais de l'argile ou de la cire, je réussirais à produire des formes. Si cet état ne change pas, je prendrai de l'argile, et je la pétrirai, dussé-je ne faire que des billes.

J'ai commencé déjà trois fois le portrait de Charlotte, et trois fois je me suis fait honte ; cela me contrarie d'autant plus, qu'il y a peu de temps je réussissais fort bien à saisir la ressemblance. J'ai pris sa silhouette, il faudra que je m'en contente.

LETTRE XXV.

26 juillet.

Oui, Charlotte bien-aimée, je soignerai, je remettrai le tout: donnez-moi donc plus de commissions, donnez-m'en souvent! J'ai à vous adresser une prière; plus de sable sur les billets que vous m'écrivez! Aujourd'hui je portai vivement votre lettre à mes lèvres, et le sable se fit sentir sous mes dents.

LETTRE XXVI.

6 juillet

Je me suis déjà proposé bien des fois de ne pas la voir si souvent. Oui, si ce projet pouvait s'exécuter! chaque jour je succombe à la tentation; je me promets bien sincèrement de ne pas retourner le lendemain; lorsque ce lendemain arrive, il se présente encore un indispensable motif de visite; et, avant d'avoir eu le temps de me reconnaître, je suis auprès d'elle. Tantôt elle m'a dit, le soir: « Vous viendrez demain, n'est-ce pas? » Qui pourrait s'en dispenser alors? Tantôt elle me charge d'une commission, et je trouve qu'il est plus convenable de lui porter moi-même la réponse. Ou bien la journée est magnifique, je vais à Wahlheim, et quand j'y suis..... Il n'y a plus qu'une demi-heue de chez elle! Je suis trop

près de son atmosphère.... elle m'entraîne....
et m'y voilà encore ! Ma grand'mère nous
faisait un conte d'une montagne d'aimant ;
les vaisseaux qui s'en approchaient trop, per-
daient tout-à-coup leurs ferrements : les clous
volaient à la montagne, et les malheureux
matelots disparaissaient sous les planches
écroulées.

LETTRE XXVII.

30 juillet.

Albert est arrivé, je partirai; fût-il le meilleur, le plus noble des hommes, quand je serais disposé à reconnaître sa supériorité à tous égards, il me serait insupportable de le voir posséder une femme douée de tant de perfections!......Posséder!.... Il suffit, mon ami, le fiancé est là! c'est un homme aimable et bon, qu'on doit estimer. Heureusement je n'étais pas présent à son arrivée; j'aurais eu le cœur déchiré. Il est si modeste, qu'il n'a pas encore embrassé une seule fois Charlotte en ma présence. Que Dieu l'en récompense! Rien que le respect qu'il témoigne à la jeune personne, me force à l'aimer. Il semble me voir avec plaisir; et je soupçonne que c'est l'ouvrage de Charlotte, plutôt que l'effet de son propre sentiment. Car les femmes sont très-adroites en ce cas, et elles ont raison ; elles trouvent toujours de l'avantage à entretenir la bonne intelligence entre deux adorateurs, quelque rare que soit ce bon accord.

Du reste, je ne puis refuser mon estime à Albert; sa contenance tranquille forme un contraste avec ma manière d'être inquiète et agitée, que je ne parviens pas à dissimuler. Il est très-sensible et apprécie le mérite de Charlotte. Il paraît peu sujet à la mauvaise humeur; et tu sais que de tous les défauts des hommes, c'est celui que je hais le plus.

Il me regarde comme un homme d'esprit ; mon attachement pour Charlotte, l'ardent intérêt que je prends à tout ce qui la touche, augmente le triomphe d'Albert, et il l'en aime d'autant plus. Je n'examine pas si quelquefois il ne la tourmente point par quelque léger accès de jalousie : à sa place, du moins, je ne me sentirais pas tout-à-fait à l'épreuve des atteintes de ce démon.

Quoi qu'il en soit, le plaisir que je goûtais

près de Charlotte a disparu. Est-ce folie? est-ce aveuglement? Qu'importe le nom? le fait parle de lui-même! Avant l'arrivée d'Albert, je savais tout ce que je sais maintenant. Je savais que je n'avais point de prétentions à former sur elle, et je n'en formais aucune..... au moins autant qu'il est possible de ne rien désirer, à la vue de tant de charmes.... Et aujourd'hui l'insensé reste interdit, et l'égarement se peint dans ses yeux, parce qu'un autre vient enfin lui enlever sa belle!

Je grince les dents et je m'indigne contre ceux qui décident qu'il faut que je me résigne, puisque la chose ne peut être autrement..... Qu'on me délivre de ces automates! Je parcours le bois dans tous les sens; et lorsque je reviens près de Charlotte, que je trouve Albert assis à ses côtés, sous la tonnelle du petit jardin, et que je suis forcé de m'arrêter, alors je me sens d'une pétulance qui va jusqu'à la folie, et je fais mille extravagances. « Pour l'amour de Dieu, me dit Charlotte aujourd'hui, je vous en prie, plus de scène comme celle d'hier soir! Vous êtes effrayant, quand vous êtes si gai! » Entre nous, j'épie le moment où des affaires appellent Albert au dehors; aussitôt je suis près d'elle; je me sens toujours mieux quand je la trouve seule.

LETTRE XXVIII.

8 août.

Je t'en prie, mon ami, ne crois pas que je pensasse à toi, quand je traitais d'insupportables les hommes qui exigent de nous la résignation dans les maux inévitables. Je ne pensais pas, en vérité, que tu pusses être de cette opinion ; et, au fond, tu as raison. Une seule observation, mon cher ami ! il est rare que les événements de ce monde soient régis par la loi de la simple alternative. Les sentimens et les procédés offrent autant de nuances qu'il y a de degrés du nez aquilin au nez camus.

Ne trouve pas mauvais que, tout en reconnaissant ton principe, je tâche de m'échapper en glissant devant l'alternative.

« *Ou* tu as quelque espoir de réussir près de Charlotte, dis-tu, *ou* tu n'en as point. Bon !

dans le premier cas, cherche à gagner du terrain, cherche à obtenir l'accomplissement de tes vœux : dans le second cas, redouble d'énergie, et délivre-toi d'un fatal sentiment, qui finira par consumer tes forces. » Mon ami ! c'est bien dit.... c'est bientôt dit !

Et ce malheureux, dont la vie s'éteint, minée par une longue et incurable maladie, peux-tu exiger de lui qu'il mette fin à ses tourments par un coup de poignard ? Et ce mal qui dévore ses forces, ne lui ôte-t-il pas en même temps le courage de s'y soustraire ?

Tu pourrais, à la vérité, m'opposer une comparaison du même genre : « Qui n'aimerait mieux se faire amputer un bras, que d'exposer sa vie par l'indécision et les délais ? » Je ne sais !.... Et, d'ailleurs, nous ne voulons pas nous perdre dans les comparaisons. En voilà bien assez. Oui, mon ami, il me prend quelquefois un accès de courage exalté, sauvage ; et alors..... j'irais ! si je savais où.

LETTRE XXIX.

8 août au soir.

Mon journal, que je négligeais depuis quelque temps, m'est tombé aujourd'hui sous la main. A ma grande satisfaction, c'est sciemment que pas à pas j'ai fait tant de chemin! J'ai toujours vu si clairement quelle était ma position! Je n'en ai pas moins agi comme un enfant; aujourd'hui je vois tout aussi clair; et cependant il n'y a aucune apparence d'amélioration!

LETTRE XXX.

10 août.

Je pourrais mener la vie la plus paisible, la plus heureuse, si je n'étais pas fou. Des circonstances aussi favorables que celles où je me trouve se réunissent rarement pour charmer l'ame de l'homme. Tant il est vrai que c'est à lui seul que le cœur doit sa félicité!... Être membre de la famille la plus aimable; se voir aimé du père comme un fils, des jeunes enfants comme un père; et de Charlotte!... Et cet excellent Albert qui ne trouble mon bonheur par aucun témoignage d'humeur; qui m'accueille avec la plus franche cordialité; pour qui je suis, après sa Charlotte, ce qu'il aime de mieux au monde!... Mon ami, c'est un plaisir de nous entendre, lorsque nous nous promenons ensemble, et que tous deux nous parlons d'elle : il n'y a rien de plus risible que ce genre de conversation, et cependant plus d'une fois les larmes m'en viennent aux yeux.

Souvent il me parle de la respectable mère de sa fiancée ; il me raconte comment, à son lit de mort, elle recommandait à Charlotte la maison et les enfants, et sa fille à lui-même ; comment, depuis cette époque, un nouvel esprit semblait animer Charlotte ; comment, par les soins qu'elle donne au ménage, elle est devenue, en effet, une véritable mère de famille: chaque instant de sa vie est consacré au travail et à la plus active affection ; et cependant elle n'en a pas moins conservé sa gaieté et sa bonne humeur. Alors je marche à côté de lui, je cueille des fleurs sur la route, je les réunis en bouquet, avec beaucoup de soin, puis... je les jette dans le ruisseau qui serpente, je les suis de l'œil pour les voir s'enfoncer petit à petit....
Je ne sais si je t'ai écrit qu'Albert reste ici ; il obtiendra de la Cour, où il est très-bien vu,

un emploi dont le revenu est fort honnête. J'ai rencontré peu de personnes qu'on pût lui comparer pour l'ordre et l'aptitude aux affaires.

LETTRE XXXI.

12 août.

Oui sans doute, Albert est le meilleur des hommes. J'eus hier avec lui une singulière scène. J'étais allé le voir pour prendre congé de lui; car j'avais envie de parcourir à cheval les montagnes, et c'est de là que je t'écris en ce moment. En allant et venant dans sa chambre, mes yeux tombèrent sur ses pistolets. « Prête-moi tes pistolets pour ma course, lui dis-je. — Je ne demande pas mieux, répondit, pourvu que tu veuilles te donner la peine de les charger; ils ne sont là que pour la forme. J'en détachai un, et il continua : « Depuis que ma prévoyance m'a joué un si mauvais tour, je ne veux plus m'occuper de pareilles armes. » J'étais curieux de savoir ce qui lui était arrivé. « Je passai, reprit-il, plus de trois mois à la campagne, chez un de mes amis; j'avais une paire de pistolets non chargés, et je dormais tranquille. Une après-dinée que le temps était pluvieux et que j'étais à ne rien faire, une idée me prit tout-à-coup : il serait possible qu'on vînt nous attaquer, que j'eusse besoin de mes armes, que... Tu sais comment cela va. Je les donnai au domestique pour les nettoyer et les charger; il se met à badiner avec la servante, en cherchant à lui faire peur, et, Dieu sait comment, le pistolet part, tandis que la baguette est encore dans le canon; la baguette va frapper la servante à la main droite et lui fracasse le pouce. J'eus alors à supporter les lamentations, et, par dessus le marché, il fallut encore payer le traitement: aussi, depuis cette époque, mes armes ne sont-elles jamais chargées. Cher ami, à quoi sert la prévoyance? Le danger ne se fait pas pressentir ! Cependant... » Tu sais que j'aime beaucoup Albert et jusqu'à son *cependant !* car n'est-il pas évident que toute règle générale a des exceptions? Mais telle est la scrupuleuse équité de cet homme : quand il croit avoir avancé quelque chose d'exagéré, de trop général ou de douteux, il ne cesse de limiter, de modifier, d'ajouter ou de retrancher, jusqu'à ce qu'il ne reste plus rien de la proposition. A cette occasion, il se perdit dans son texte ; bientôt je n'entendis plus un mot de ce qu'il disait, je tombai dans mes rêveries ; puis, comme m'éveillant tout à coup, je m'appliquai brusquement la bouche du pistolet au côté droit du front. « Fi ! dit Albert en me reprenant l'arme, à quoi bon ? — Il n'est pas chargé, lui répondis-je. — Et s'il l'était, à quoi bon ? ajouta-t-il avec impatience. Je ne puis concevoir comment un homme peut être assez fou pour se brûler la cervelle : l'idée seule me donne le frisson. »

« Vous autres hommes, m'écriai-je, vous ne pouvez parler de rien sans décider aussitôt : *cela est fou, cela est sensé, cela est bon, cela est mauvais !* Et pourquoi ? Avez-vous recherché dans tous ses détails le vrai motif d'une action ? Savez-vous démêler avec précision les causes qui l'ont produite, et qui la rendaient inévitable ? Si vous le saviez, vous ne seriez pas si prompt à juger. »

« Tu conviendras, dit Albert, que certaines actions sont et restent criminelles, quels qu'en soient les motifs. »

Je haussai les épaules, et je lui accordai ce point. « Cependant, mon cher, continuai-je, il se trouve encore ici quelques exceptions. Sans aucun doute, le vol est un crime ; mais cet homme qui, pour se soustraire lui et les siens aux horreurs de la faim, se laisse entraîner au vol, mérite-t-il la pitié ou le châtiment ? Qui jettera la première pierre à l'époux outragé qui, dans sa juste fureur, immole une femme infidèle et son vil séducteur ? à cette jeune fille qui, dans un moment de délire, s'abandonne aux irrésistibles plaisirs de l'amour ? Nos lois mêmes, ces froides pédantes, se laissent toucher, et retiennent leurs coups. »

« Ceci est autre chose, reprit Albert ; car l'homme entraîné par les passions perd tout jugement, et doit être regardé comme un homme ivre, ou comme un insensé. »

« Voilà bien mes gens raisonnables, m'écriai-je en riant : passions ! ivresse ! folie ! Personnages graves et réfléchis, vous restez impassibles, sans vous intéresser à rien. Blâmez l'ivrogne, détournez-vous avec horreur du fou, fuyez leur aspect, comme le prêtre ; et, comme le pharisien, rendez grace à Dieu de ce qu'il ne vous a pas créés semblables à l'un d'eux. Plus d'une fois je me suis enivré, mes passions souvent ont approché de la démence, et je ne me ressens ni de l'un ni de l'autre ; car j'ai appris, par moi-même, à concevoir comment tout homme, au-dessus du vulgaire, qui exécute quelque chose de grand, quelque chose que l'on croyait impossible, est signalé comme ivre ou fou par la multitude.

« Et dans la vie ordinaire même, si quelqu'un fait une action courageuse, noble, inattendue, n'est-il pas insupportable d'entendre crier : *cet homme est exalté ; il est insensé !* Rougissez, vous qui fûtes toujours sobres ; rougissez, hommes sages ! »

« Voilà encore une fois de tes manies, dit Albert. Tu exagères tout ; et, au moins ici, tu as tort de vouloir assimiler aux grandes actions le suicide, dont il s'agit en ce moment, tandis qu'on ne peut le regarder que comme une faiblesse; car, de bonne foi, il est plus aisé de mourir que de supporter avec constance une vie pleine de tourments. »

J'étais sur le point de m'emporter; rien ne me met hors des gonds comme de me voir opposer une maxime insignifiante et triviale, lorsque mes raisons sortent du fond de mon cœur. Je me retins cependant; j'avais déjà entendu ce lieu commun, et je m'en étais fâché plus d'une fois; je répliquai avec un peu de vivacité : « Tu nommes cela faiblesse! Je t'en prie, ne te laisse pas séduire par l'apparence. Ce peuple, courbé sous l'insupportable joug d'un tyran, oses-tu l'appeler faible lorsque enfin il se lève et brise ses chaînes? Cet homme qui voit les flammes menacer sa maison, dont la frayeur tend tous les muscles, et qui enlève aisément des fardeaux que, de sang-froid, il aurait à peine remués; cet autre qui, furieux d'un outrage, attaque six hommes et les terrasse, oses-tu les appeler faibles?

Mon ami, si la tentative seule est force, pourquoi un redoublement serait-il le contraire? »
Albert me regarda et dit : « Je te demande pardon; mais les exemples que tu viens de citer ne me semblent point applicables ici. — C'est possible, repartis-je; on m'a souvent reproché que mes raisonnements touchaient au radotage. Voyons donc si nous pouvons nous représenter d'une autre manière le courage de l'homme qui se décide à se délivrer du fardeau de la vie, fardeau si cher à d'autres; car on n'a le droit de prononcer sur une chose que lorsqu'on l'a bien approfondie.

« La nature de l'homme a ses bornes, continuai-je; elle peut jusqu'à un certain point supporter la joie, la peine, la douleur; elle succombe, si ce point est passé. La question n'est donc pas de savoir si un homme est faible ou s'il est fort, mais s'il peut soutenir le poids de ses souffrances, qu'elles soient morales ou physiques; et je trouve aussi étonnant que l'on nomme lâche l'infortuné qui se prive de la vie, que si l'on donnait ce nom au malade qui succombe à une fièvre maligne. »

« Paradoxe ! étrange paradoxe ! s'écria Albert. — Pas autant que tu crois, répondis-je. Tu conviendras que nous qualifions de maladie mortelle celle qui attaque avec tant de violence la nature, qu'une partie de ses forces est détruite, qu'une autre partie est paralysée, et qu'on ne peut plus espérer de crise qui rétablisse le cours ordinaire de la vie.

« Eh bien ! mon ami, appliquons ceci à l'esprit! Vois l'homme resserré dans ses étroites limites ; vois comme les impressions agissent sur lui, comme les idées le maîtrisent, jusqu'à ce qu'enfin une passion toujours croissante lui enlève toutes ses facultés intellectuelles, et le précipite dans l'abîme.

« En vain l'homme calme et sensé s'intéresse-t-il à l'état de ce malheureux ; en vain cherche-t-il à lui faire entendre la voix de la raison ! De même l'homme bien portant, qui se trouve près du lit d'un malade, ne peut lui communiquer la moindre partie de ses forces. »

J'avais trop généralisé mes idées pour Albert. Je lui rappelai une jeune fille que l'on trouva morte dans l'eau, il y a quelque temps, et je lui répétai son histoire. « Cette excellente créature vivait dans le cercle étroit de ses occupations domestiques ; le travail l'occupait toute la semaine ; elle ne connaissait encore d'autre plaisir que de se parer le dimanche de quelques modestes atours acquis à la longue, d'aller avec ses compagnes se promener dans les environs de la ville, ou de danser quelquefois aux grandes fêtes ; quelquefois aussi elle passait une heure de loisir à causer avec une voisine sur les nouvelles, les disputes et les médisances du quartier. La nature lui donne enfin le désir de distractions plus fortes, et les flatteries des hommes augmentent bientôt le feu qui la dévore. Ses plaisirs passés lui deviennent de plus en plus insipides, jusqu'à ce qu'elle rencontre un homme vers lequel un sentiment inconnu et irrésistible l'entraîne ; il devient son unique espérance ; le monde entier est oublié : elle n'entend, ne voit, ne désire que lui seul. Les faux plaisirs d'une inconstante vanité ne l'ont point encore corrompue ; ses vœux tendent à un but fixe ; elle veut lui appartenir ; elle veut devoir à un lien éternel la félicité qu'elle cherche, et la réunion de tous les plaisirs qu'elle appelle. Elle livre son ame à des promesses souvent répétées qui mettent le sceau à ses espérances; des caresses passionnées augmentent le trouble qui enivre ses sens ; elle flotte dans le vague, ravie par le pressentiment d'un bonheur qu'elle ignore ; parvenue au plus haut degré d'exaltation, elle étend les bras pour s'assurer l'objet de tant de vœux... Son amant l'abandonne.... Consternée, privée de sentiment, elle est sur le bord de l'abime : les ténèbres l'environnent : plus d'espoir ! plus de consolation ! plus d'avenir ! Il l'a trahie, celui qui lui faisait connaître l'existence. Elle ne voit point le vaste univers qui s'ouvre devant elle ; elle ne voit point tant d'hommes qui pourraient lui rendre le repos ; elle est seule, abandonnée du monde entier... Frappée d'aveuglement, pressée par l'angoisse de son cœur, elle se précipite et cherche à étouffer dans le sein de la mort tous les maux qui l'accablent. Voilà l'histoire de bien des hommes. Dis-moi, Albert, n'est-ce pas la même marche que celle de la maladie ? La nature ne trouve aucune issue pour sortir d'un labyrinthe de forces mêlées et contraires : l'homme doit succomber.

« Malheur à celui qui oserait dire : L'insensée ! si elle eût attendu, si elle eût laissé agir le temps, son désespoir se serait calmé ; elle aurait trouvé bientôt un consolateur. C'est comme si l'on disait : Cet insensé meurt de la fièvre ; s'il avait attendu que ses forces fussent revenues, que son sang fût purifié, tout se serait rétabli, et il vivrait encore aujourd'hui. »

Albert, qui ne trouvait point encore cette comparaison frappante, me fit plusieurs objections, entre autres celle-ci. Je venais de citer une jeune fille simple et bornée ; mais il ne pouvait concevoir comment on excuserait un homme d'esprit dont les facultés sont plus étendues, et qui saisit mieux tous les rapports. « Mon ami, m'écriai-je, l'homme est toujours l'homme ; la petite dose d'esprit que l'un a de plus que l'autre fait bien peu dans la balance, quand les passions bouillonnent et que les bornes prescrites à l'humanité se font sentir. Il y a plus..... Nous en parlerons un autre jour, » lui dis-je, en prenant mon chapeau. Oh ! mon cœur était si plein ! Nous nous séparâmes sans nous être entendus. Il est bien rare dans ce monde que l'on s'entende.

LETTRE XXXII.

15 août.

Il est certain que c'est l'affection seule qui rend l'homme nécessaire à l'homme. Je sens que Charlotte serait fâchée de me perdre, et les enfants n'ont d'autre idée que celle de me voir toujours revenir le lendemain. J'étais allé aujourd'hui accorder le clavecin de Charlotte; je n'ai jamais pu y parvenir, car tous ces espiègles me tourmentaient pour avoir un conte; elle-même décida qu'il fallait les satisfaire. Je leur distribuai leur souper; ils acceptent maintenant leur pain aussi volontiers de moi que de Charlotte; je leur contai ensuite la merveilleuse histoire de la princesse servie par des mains enchantées. Ces récits me sont utiles à moi-même, je t'assure; je suis étonné de l'impression qu'ils produisent sur les enfants. Si quelquefois je suis obligé d'inventer un incident, et que je l'oublie en répétant le conte, ils s'écrient aussitôt : « C'était autrement la première fois. » Je m'exerce donc actuellement à réciter du même ton, en modulant de même les syllabes, et sans y rien changer. J'ai appris par là qu'un auteur fait nécessairement tort à son ouvrage en donnant une seconde édition avec des modifications, fût-il devenu meilleur, poétiquement parlant. La première impression nous trouve bien disposés; l'homme est ainsi fait : on peut lui persuader la chose la plus extraordinaire; mais il s'en pénètre tout aussitôt, et malheur à celui qui voudrait effacer ou extirper sa croyance!

LETTRE XXXIII.

18 août.

Fallait-il donc que ce qui fait le bonheur de l'homme devint aussi la source de son infortune ?

Cette passion si ardente que mon cœur éprouvait pour la nature, qui m'inondait de tant de délices, qui donnait au monde l'apparence d'un paradis, cette même passion est devenue un tourment insupportable ; c'est comme un génie malfaisant qui me poursuit en tous lieux. Autrefois, du haut d'un rocher, mes regards s'arrêtaient au-delà du fleuve, sur les coteaux qui embrassent la fertile vallée; tout germait, tout semblait doué de vie autour de moi : je voyais chaque colline revêtue, depuis le pied jusqu'au sommet, d'arbres élevés et touffus ; chaque vallon, ombragé, jusque dans ses moindres détours, des plus riants bosquets; la rivière fuyait, avec un doux murmure, entre les roseaux bruissants, et réfléchissait de légers nuages balancés dans les airs par le frais zéphyr du soir ; les oiseaux animaient la forêt voisine ; tandis que des millions d'insectes voltigeaient gaiment, par essaims, aux rayons pourprés du soleil à son déclin, dont la dernière lueur attirait, hors de sa retraite obscure, le hanneton bourdonnant. Un spectacle si varié appelait mon attention sur le sol ; cette mousse qui tirait sa substance du rocher où j'étais établi, et ce genêt qui croissait au bas sur l'aride monticule de sable, me montraient partout le foyer sacré de la nature, cette force vitale interne. Comme mon ame ardente saisissait tous ces détails! Dans la plénitude de mon cœur, je me sentais, pour ainsi dire, identifié avec la Divinité; et les majestueuses formes d'un monde infini m'apparaissaient, douées du mouvement et de la vie. Des monts escarpés m'entouraient ; à mes pieds s'ouvraient des abimes et se précipitaient des torrens ; j'entendais le bruit des rivières qui faisait retentir l'écho des bois et des montagnes; je voyais, dans le sein du globe, agir et réagir toutes ces formes incompréhensibles, et fourmiller sur la terre et dans les airs des êtres de tant d'espèces différentes. Tout est peuplé de créatures de mille formes; et les hommes, entassés dans d'étroites prisons, s'y établissent et se croient les maîtres de ce vaste univers! Pauvres insensés! qui croyez que tout est mesquin, parce que vous êtes petits. Depuis la montagne inaccessible et le désert que nul pied n'a foulé, jusqu'aux bornes de l'Océan, inconnues à l'homme, partout règne le souffle créateur de l'Éternel; partout il étend son pouvoir bienveillant sur l'atome qui lui doit l'existence et le sentiment! Ah! combien de fois, alors, porté par les ailes de l'aigle, qui planait sur ma tête, me suis-je élancé à la source du lac incommensurable, pour y puiser, à la coupe écumante de l'infini, le principe toujours renaissant de la vie, et pour faire pénétrer dans mon faible cœur, ne fût-ce qu'un instant, une goutte de la félicité de cet être qui produit tout en lui et par lui!

Mon ami, le seul souvenir de chacune de ces heures me fait aujourd'hui du bien. Mes efforts mêmes pour rappeler cet inexprimable sentiment, pour te le peindre, élèvent et transportent mon ame, et je sens doublement les bornes étroites de ma situation actuelle.

Il semble qu'un voile épais recouvre mon ame; et le spectacle d'une vie infinie offre à présent à mes yeux le gouffre de l'insatiable tombeau. Peux-tu me dire : *Cela est!* puisque tout passe et roule avec la rapidité de la foudre? Qu'il est rare d'épuiser toute la force de son être! Hélas! on est entraîné par le torrent; on est renversé et brisé sur les rochers! Il n'y a point d'instant qui ne te dévore, toi et les tiens; point d'instant que tu ne sois, que tu ne doives être un destructeur; la promenade la plus insignifiante coûte la vie à mille pauvres insectes; un de tes pas détruit les édifices construits avec tant de peines par l'active fourmi, et précipite un peuple entier dans un indigne tombeau. Ah! je ne me sens pas ému par ces grands désastres qui, de loin en loin, ravagent le monde, ces inondations, ces tremblements de terre qui engloutissent vos villes ; mais mon cœur est miné par ce principe dévastateur caché dans le sein de la nature ; elle n'a rien créé qui ne se détruise soi-même, et ne détruise à la fois ce qui l'environne : c'est ainsi que, d'un pas mal assuré dans ma course incertaine, j'examine le ciel, la terre, et leurs forces motrices ; je ne vois rien qu'un monstre toujours dévorant, et toujours affamé.

LETTRE XXXIV.

21 août.

Vainement j'étends les bras vers elle, lorsque le matin je m'éveille, fatigué de rêves pénibles : en vain, la nuit, je la cherche à mes côtés, quand, trompé par un songe innocent et fortuné, je la vois dans la prairie, et je me crois assis près d'elle, tenant sa main que je couvre de mille baisers. Hélas ! à demi plongé dans le vague du sommeil, j'ouvre les bras.... je me réveille en sursaut..... un torrent de larmes jaillit de mon cœur oppressé ; et, sans espoir, je pleure sur le sombre avenir qui se prépare.

LETTRE XXXV.

22 août.

Mon ami, c'est une fatalité! toutes mes facultés sont réduites à une inquiète inaction ; je ne puis rester oisif ; et cependant je ne puis rien faire. Je n'ai plus d'imagination, j'ai perdu ma sensibilité pour les merveilles de la nature, et les livres m'impatientent. Quand nous nous manquons à nous-mêmes, tout nous manque. Je te le jure ; plus d'une fois j'ai souhaité d'être un journalier, afin d'avoir le matin, en me levant, une perspective, un travail, une espérance. J'envie souvent le sort d'Albert, que je vois enfoncé jusqu'aux yeux dans les parchemins ; et je me figure qu'à sa place je me trouverais heureux. L'idée m'est déjà venue quelquefois qu'il fallait t'écrire et m'adresser au ministre, pour demander cette place près de l'ambassade, que, selon toi, on ne me refuserait pas. Je le crois aussi. Le ministre m'a depuis long-temps témoigné de l'affection, et m'a souvent engagé à me vouer à quelque emploi; il y a des instants où j'y suis disposé. Mais ensuite, quand j'y réfléchis, je ne puis m'ôter de l'esprit la fable du cheval, qui, las de sa liberté, se laisse seller et brider, et que l'on accable de fatigues...... Je ne sais que résoudre. Ah! mon ami, ce désir de changer de situation ne provient-il pas d'une inquiétude intérieure qui me poursuivra partout?

LETTRE XXXVI.

28 août.

En vérité, si cette maladie était susceptible de guérison, mes bons amis en viendraient à bout. C'est aujourd'hui l'anniversaire de ma naissance, et, de grand matin, j'ai reçu un petit paquet de la part d'Albert. La première chose qui frappe mes yeux, en l'ouvrant, c'est un des nœuds roses que Charlotte portait lorsque je fis sa connaissance, et que je lui avais souvent demandé depuis. Il y avait ensuite deux petits volumes in-12 : l'Homère de Wetstein, édition que j'avais tant de fois désirée, pour ne pas me charger de celle d'Ernesti à la promenade. Tu vois comme ils préviennent mes vœux, comme ils ont ces petites attentions de l'amitié, mille fois plus précieuses que de magnifiques présents qui nous humilient devant un orgueilleux bienfaiteur. Je ne cesse de baiser ce nœud ; à chaque aspiration, je me pénètre du souvenir de ces jours si fortunés, si rares, et qui ne peuvent revenir. Mon ami, cela n'est que trop réel ; je n'en murmure pas ; les fleurs de la vie ne font qu'apparaître. Combien se fanent sans laisser la moindre trace ! combien peu donnent des fruits ! et combien peu de ces fruits parviennent à leur maturité ! et cependant, il en reste encore assez, et..... O mon ami !..... pouvons-nous négliger les fruits mûrs, les dédaigner, les laisser gâter sans en jouir !

Adieu ! L'été est magnifique ; je m'établis souvent sur les arbres du verger de Charlotte ; au moyen d'une longue perche, j'abats les poires les plus élevées ; elle est au pied de l'arbre et les reçoit à mesure que je les lui jette.

LETTRE XXXVII.

30 août.

Malheureux! n'es-tu pas un insensé? Ne te trompes-tu pas toi-même? Que deviendra cette passion frénétique et sans terme? Je n'adresse de vœux qu'à elle seule; mon imagination ne m'offre plus d'autre forme que la sienne ; et , de tout ce qui m'environne au monde , je n'aperçois que ce qui a quelque rapport avec elle. C'est ainsi que je me procure quelques heures fortunées........ jusqu'à ce que , de nouveau, je sois forcé de m'arracher d'auprès d'elle. Ah ! mon ami ! quel est souvent l'empire de cette passion sur mon ame ! quand j'ai passé, assis à ses côtés, deux ou trois heures consacrées à me pénétrer de sa figure, de son maintien, de l'expression céleste de son langage, peu à peu mes sens s'exaltent, mes yeux s'obscurcissent, je n'entends plus; il me semble que la main d'un meurtrier me saisit à la gorge; alors, par des pulsations désordonnées, mon cœur cherche à rétablir le calme de mes sens; il ne fait qu'augmenter leur agitation..... Mon ami, je doute quelquefois que j'existe encore ! Si l'émotion ne prend pas le dessus, et que Charlotte ne m'accorde pas la triste consolation de répandre sur sa main les larmes qui me suffoquent.... oh ! alors il faut que je m'éloigne ; je pars, je cours au loin dans les champs : gravir un roc escarpé, m'ouvrir un chemin pénible dans un bois sans routes frayées, à travers les ronces qui me blessent, les haies qui me déchirent ; voilà mes délices ! Et j'éprouve un peu de soulagement ! un peu ! Et quand, accablé de fatigue et de soif, je me vois forcé de suspendre ma course ; que, dans une forêt solitaire, au milieu de la nuit, aux rayons de la lune, je m'assieds sur un tronc tortueux pour soulager un instant mes pieds déchirés; alors, je m'assoupis, et, à la lueur du crépuscule, le sommeil ne m'accorde qu'un repos inquiet! O mon ami, la demeure sauvage de l'anachorète, le vêtement de bure, et la ceinture hérissée de pointes de fer, seraient des voluptés pour mon ame agitée. Adieu! je ne vois à tant de souffrances d'autre terme que le tombeau.

LETTRE XXXVIII.

3 septembre.

Il faut partir! Je te remercie, mon ami, d'avoir fixé ma résolution incertaine. Déjà, depuis quinze jours, je médite le projet de la quitter. Elle est encore une fois à la ville chez une amie, et Albert....., et..... il faut partir!

LETTRE XXXIX.

10 septembre.

Quelle nuit, mon ami ! Maintenant je brave tout. Je ne la verrai plus! Oh ! que ne puis-je aller me jeter à ton cou, et t'exprimer par mes larmes, par mes transports, les sensations qui bouleversent mon ame! Je suis assis, je cherche avec avidité à respirer l'air, je tâche de me tranquilliser ; j'attends le commencement du jour : au lever du soleil les chevaux seront prêts.

Hélas! elle dort en paix, et ne pense pas qu'elle ne me reverra plus ! Je me suis arraché d'auprès d'elle ; j'ai eu assez de constance pour ne point trahir mon projet dans un entretien de deux heures : et quel entretien, grand Dieu !

Albert m'avait promis de se rendre au jardin, avec Charlotte, immédiatement après le souper. J'étais sur la terrasse, sous les grands marronniers, et je contemplais le soleil à son déclin; c'était pour la dernière fois que je voyais ses rayons frapper la riante vallée et les paisibles eaux du fleuve! Que de fois je m'étais trouvé à cette place, avec elle, pour admirer ce même spectacle! et maintenant!... Je montai et descendis l'allée qui m'était si chère; un attrait caché et sympathique m'y avait souvent amené, avant que j'eusse vu Charlotte; et, dans les premiers temps de notre liaison, nous découvrimes, avec plaisir, notre inclination commune pour cet endroit: c'est, en effet, un des sites les plus romantiques dont la création appartienne à l'art.

D'abord, entre les marronniers, on jouit de la vue la plus étendue. Ah! je me rappelle que je t'en ai déjà souvent parlé; que je t'ai dit, sans doute, comment de hautes charmilles y forment une enceinte; comment passe, au travers d'un joli bosquet, une allée qui devient de plus en plus sombre, et se termine enfin par un petit réduit clos de toutes parts, où l'on jouit de la plus entière solitude. Je me retrace encore la forte impression que j'éprouvai, lorsque, pour la première fois, j'y entrai à la chaleur du midi : je pressentais déjà que ce serait pour moi un théâtre de délices et de tourments.

Je me livrais, depuis une demi-heure, aux douces et cruelles pensées des adieux et du moment de la réunion, lorsque je les entendis monter la terrasse. Je courus au devant d'elle, je saisis en frissonnant sa main que je baisai. Nous avions à peine atteint la hauteur, quand la lune parut derrière les ombrages du coteau : nous traitions divers sujets, et, sans nous en être aperçus, nous nous trouvions près de la sombre tonnelle. Charlotte y entra et s'assit ; Albert se plaça d'un côté, moi de l'autre : mais mon agitation ne me permit pas de rester long-temps dans la même position ; je me levais, je m'arrêtais devant elle, j'allais, je venais, je me rasseyais ; mon état était trop violent. Elle attira notre attention sur le bel effet du clair de lune, qui, à l'extrémité de la charmille, donnait sur la terrasse entière : spectacle magnifique, et d'autant plus frappant qu'une profonde obscurité nous entourait. Nous admirions en silence ; après quelques instants, Charlotte dit : « Jamais je ne me promène au clair de lune, que mes idées ne se portent sur ceux que j'ai perdus, et que je ne sois frappée du sentiment de la mort et de l'avenir. Nous existerons ! ajouta-t-elle d'un son de voix altéré par une forte émotion ; mais, Werther, nous reverrons-nous ? nous reconnaîtrons-nous ? Qu'en pensez-vous ? que dites-vous ? »

« Charlotte, lui répondis-je en lui tendant la main, les yeux baignés de larmes, nous nous reverrons ! nous nous reverrons ici-bas et là-haut ! » Je ne pus en dire davantage. O mon ami ! devait-elle m'adresser de semblables paroles, à moi qui portais dans mon sein une si cruelle séparation ?

« Et ceux que nous chérissons, continua-t-elle, et que nous avons perdus, savent-ils ce que nous faisons ? savent-ils quel plaisir nous éprouvons à nous rappeler leur mémoire ? Ah !

l'ombre de ma mère plane toujours sur moi, lorsque, dans le calme de la soirée, assise au milieu de ses enfants, qui sont devenus les miens, je les vois m'entourer comme ils l'entouraient elle-même. Alors je lève au ciel mes paupières humides, et j'exprime le vœu qu'elle abaisse un moment ses regards ; elle verrait comme je tiens la parole que je lui donnai à son heure dernière, de servir de mère à ses enfants. Avec quelle émotion je m'écrie : Pardonne, ombre révérée, si je ne suis pas pour eux ce que tu fus jadis. Hélas! je fais au moins tout ce que je puis faire : ils sont vêtus, nourris, et, ce qui vaut mieux encore, aimés et soignés. Si tu peux voir combien nous sommes unis, ame chérie et bienheureuse, tu dois rendre d'ardentes actions de grâces à ce Dieu de bonté, à qui tes dernières larmes demandaient le bonheur de tes enfants. »

Voilà ses expressions! O mon ami, qui peut les rendre, ses expressions? comment un papier froid, inanimé, peindrait-il la céleste flamme de l'esprit? Albert l'interrompit avec ménagement : « Vous vous affectez trop, chère Lolotte;

je sais que votre ame se complait dans ces idées, mais je vous en prie..... — O Albert! reprit-elle, je le sais, tu n'a pas oublié ces soirées que nous passions réunis autour de la petite table ronde, lorsque mon père était en voyage et que les enfans étaient au lit. Souvent tu nous apportais un livre intéressant, et il était rare que tu parvinsses à nous en lire quelque chose. La conversation de cet être céleste ne surpassait-elle pas tout? Excellente femme, belle, douce, gaie et toujours active! Dieu voit les larmes que je répands devant lui, au sein de la nuit, pour obtenir qu'il me fasse égaler ma mère! »

« Charlotte! m'écriai-je en me précipitant vers elle et en saisissant sa main que j'arrosai de mes larmes, Charlotte! que la bénédiction de Dieu repose sur toi et sur l'esprit de ta mère! — Ah! si vous l'aviez connue! me dit-elle, en me serrant la main, elle etait digne d'être connue de vous!...» Je me sentais anéantir. Jamais on n'avait fait de moi un éloge plus grand, plus glorieux. Elle continua : « Et cette femme périt à la fleur de l'âge, lorsque son plus jeune fils n'avait pas encore six mois ! Sa maladie ne fut pas longue : elle était calme, résignée ; mais la vue de ses enfants, surtout du plus petit, lui faisait mal. Lorsque sa fin approcha, elle me dit de les lui amener ; j'obéis : les petits ne comprenaient rien de ce qui se passait ; et les plus grands, privés de sentiment, entouraient le lit. Elle étendit la main pour les bénir ; elle les embrassa les uns après les autres et les renvoya ; puis elle me dit : « Sois leur mère ! » Je le lui jurai. « Tu t'engages fort, ma fille, me dit-elle, en promettant le cœur et les yeux d'une mère ! J'ai vu souvent, à tes larmes de reconnaissance, que tu sentais ce que c'est. Sers donc de mère à tes sœurs, et conserve à ton père la soumission d'une épouse fidèle. Sois sa consolation. » Elle demanda où il était ; notre pauvre père, dont l'ame était déchirée, avait quitté la maison pour nous cacher l'insupportable douleur qu'il ressentait.

« Albert, tu étais là ! Elle entendit marcher, te pria, t'ordonna d'approcher d'elle. Comme elle nous regardait alternativement ! comme on voyait dans ses yeux l'espoir consolant que nous serions heureux, heureux l'un par l'autre ! » Albert se leva vivement et l'embrassa : « Oui, nous sommes heureux, s'écria-t-il, nous le serons toujours ! » Le flegmatique Albert était hors de lui; et moi, je ne me connaissais plus.

« Werther, reprit-elle, et il fallait que cette femme mourût ! Dieu ! quand je pense avec quelle tranquillité on se laisse enlever ce qui faisait le charme de la vie ! Personne n'y est aussi sensible que les enfants ! Les nôtres se plaignirent encore bien long-temps que les hommes noirs avaient emporté leur maman. »

Elle se leva ; tremblant, agité, je restais assis et je retenais sa main. « Partons, dit-elle, il en est temps. » Elle voulait retirer sa main, je la serrai davantage. « Nous nous reverrons, m'écriai-je, nous nous retrouverons, et nous nous reconnaîtrons, quelle que soit notre forme. Je pars, continuai-je, je pars de mon propre gré ; mais si je promettais que c'est pour toujours, je ne tiendrais pas ma promesse. Adieu, Charlotte ! Adieu, Albert ! nous nous reverrons. — De-

main, je pense, » reprit-elle en plaisantant. Je sentais ce *demain!* Hélas! elle ne savait pas, quand elle retirait sa main de la mienne!......
Ils descendirent l'allée, je restai; je les suivis des yeux, au clair de la lune : je me jetai à terre, et me livrai aux sanglots. Je me relevai, je courus sur la terrasse; j'aperçus encore, à travers l'ombre des grands tilleuls, sa robe blanche briller près de la porte du jardin; j'étendis les bras, tout avait disparu.

FIN DE LA PREMIÈRE PARTIE.

SECONDE PARTIE.

LETTRE XL.

20 octobre 1771.

Nous sommes arrivés hier. L'ambassadeur est indisposé ; il restera quelques jours chez lui. S'il n'était pas si intraitable, tout serait bien. Je le sens, oui, je le sens, le sort me prépare de rudes épreuves. Mais, courage ! un esprit léger supporte tout. Un esprit léger ? je ne puis m'empêcher de rire, en voyant sortir ce mot de ma plume. Hélas ! un peu plus de légèreté dans mon sang me rendrait l'homme le plus heureux du monde. Quoi ! là même où d'autres, fiers d'une petite dose de courage et de talent, se pavaneront devant moi, en s'admirant avec complaisance, je désespérerai de mes forces, de mes facultés! Dieu de bonté, toi qui m'as fait ces nobles dons, pourquoi n'en as-tu pas retenu une partie, et ne m'as-tu pas donné la suffisance et la présomption?

Patience! patience! tout ira mieux. Je te l'avoue, mon ami, tu as raison. Depuis que, chaque jour, je suis porté dans la foule, et que je vois ce que font les autres et comment ils agissent, je suis beaucoup plus content de moi. Certes, puisque enfin nous sommes organisés ainsi, que nous comparons tout à nous-mêmes, et nous-mêmes à tout, le bonheur ou le malheur dépend des objets avec lesquels nous nous mettons en rapport; et dès-lors rien n'est plus dangereux que la solitude. Notre imagination, naturellement portée à s'exalter, nourrie par les images fantastiques de la poésie, se forme dans les régions élevées un ordre d'êtres auxquels nous sommes inférieurs; tout ce qui est hors de nous est plus beau, tout nous semble plus parfait. Et ces idées sont bien naturelles. Nous sentons si souvent qu'il nous manque bien des choses ; et ce qui nous manque, il nous paraît le voir chez un autre ; alors nous lui attribuons tout ce que nous possédons nous-mêmes, et de plus nous le douons encore de bien des perfections idéales. C'est ainsi que cet être heureux et parfait est notre propre création !

Au contraire, si, malgré toute notre faiblesse et notre imperfection, nous nous décidons à travailler avec constance, nous trouvons parfois que nous avons fait plus de progrès en temporisant et en louvoyant, que d'autres en faisant force de voiles et de rames ; et c'est cependant le cas de s'apprécier soi-même, lorsqu'on atteint ou qu'on devance ses rivaux.

LETTRE XLI.

26 novembre.

Ma position commence à me paraître supportable sous bien des rapports. Ce qu'il y a de mieux, c'est que le travail ne me manque pas: et puis, la grande variété des personnes, ce grand nombre de figures nouvelles, offrent à mon ame un spectacle amusant et pittoresque. J'ai fait la connaissance du comte C*** ; chaque jour je le trouve plus digne d'admiration : ses idées sont nobles, étendues, il n'en est pas plus froid, parce que son génie embrasse tout : dans toutes ses relations, on voit qu'il est sensible à l'amitié et à l'amour. Il prit intérêt à moi, dans les relations que j'eus avec lui; et il remarqua, dès les premiers mots, que nous nous entendions, et qu'il pouvait me parler autrement qu'à tout le monde. Aussi ne puis-je assez me louer de ses manières franches et cordiales. Il n'est point sur la terre de plaisir plus vrai, plus vif, que de voir s'ouvrir à nos yeux une ame noble et grande !

LETTRE XLII.

24 décembre.

L'ambassadeur me tourmente beaucoup; je l'avais prévu. C'est le sot le plus pointilleux qui existe; il marche pas à pas, minutieux comme une vieille femme; c'est un homme qui n'est jamais content de lui-même, et qu'à plus forte raison personne ne peut satisfaire. J'aime à travailler vite; mon premier jet reste tel qu'il est : il est homme à me rendre mon travail, en disant : « C'est fort bien; mais revoyez-le; on trouve toujours un mot plus heureux, une particule plus juste. » Je me donnerais au diable. Il n'est pas permis d'omettre une liaison, une conjonction; quant au style inversif, qui m'est si familier, il en est l'ennemi mortel : si l'on ne construit pas la période d'après l'ancienne routine et dans le même genre d'harmonie, il n'y comprend plus rien. Quel tourment d'avoir affaire à un tel être!

La confiance que me témoigne le comte de C*** est la seule chose qui me dédommage. L'autre jour, il me dit franchement combien il était mécontent de la lenteur et de la minutieuse circonspection de mon patron. Ces gens-là sont à charge à eux-mêmes et aux autres. « Mais cependant, ajouta-t-il, il faut bien se résigner, comme le voyageur forcé de passer une montagne: sans doute, si la montagne n'était pas là, le chemin serait plus facile et plus court; mais elle y est, il faut la franchir. »

Mon vieux diplomate s'aperçoit bien de la préférence que m'accorde le comte; il s'en irrite; aussi ne néglige-t-il aucune occasion de mal parler de lui: je prends son parti, comme de raison, ce qui rend les choses encore pires. Hier je faillis m'emporter, car, en même temps, il semblait m'avoir en vue. « Le comte, me dit-il, entend bien les affaires; il a le travail facile; il écrit avec talent. Mais quant au fond d'érudition, il lui en manque, comme à tous les beaux-esprits. » Il avait en ce moment une physio-

nomie qui paraissait dire : « Sens-tu l'allusion? »
Mais l'effet fut manqué ; je méprisai l'homme
capable de penser et d'agir ainsi. Je lui tins
tête, et je combattis avec la même impétuosité. Je répondis que le comte était un homme
qu'il fallait estimer autant pour son caractère
que pour ses connaissances. « Jamais, dis-je,
je n'ai connu personne qui soit aussi bien parvenu à étendre son esprit, et à l'appliquer à
un si grand nombre d'objets, sans perdre rien
de la facilité du commerce social. » C'était de
l'hébreu pour lui : je me retirai, afin de ne
pas me sentir échauffer la bile par quelque
nouveau raisonnement.

Vous en êtes cependant cause, vous tous
qui m'avez imposé ce joug, et qui m'avez tant
vanté l'activité. L'activité! Si celui qui s'occupe
à planter des pommes de terre et à vendre son
blé à la ville n'est pas plus actif que moi, je
consens à travailler encore dix ans sur la galère où je suis enchaîné.

Et cette brillante misère, cet ennui, attachés à la maussade foule qui s'empresse ici !
quelle rage de préséance ! comme ils se sur-

veillent, comme ils se guettent, pour tâcher
de gagner un pas l'un sur l'autre! quelles tristes, quelles pitoyables passions se montrent à
découvert! Il y a ici, par exemple, une femme
qui parle à tout le monde de sa généalogie et
de ses terres; de sorte que chaque étranger
doit penser : « Voilà une folle tout enor-
gueillie de quelques quartiers de noblesse, et
de ses petites propriétés! » Mais c'est bien
pis, elle est tout uniment la fille d'un clerc de
bailli du voisinage. Tiens, je ne puis concevoir que l'espèce humaine ait assez peu de sens
pour se déshonorer si platement.

Je remarque en effet chaque jour, de plus
en plus, combien il est absurde de juger les
autres d'après soi. Hélas! j'ai tant de peine à
me gouverner moi-même, mon cœur est si
bouleversé par les orages! Ah! je laisse bien
volontiers les autres suivre leur sentier, pourvu
qu'ils me permettent aussi de suivre le mien.

Ce qui m'impatiente surtout, ce sont ces
misérables distinctions de société. Je sais, aussi
bien qu'un autre, combien est nécessaire l'i-
négalité des conditions, et combien moi-même

j'en tire d'avantages : mais je ne voudrais pas la rencontrer en mon chemin, à chaque pas, au moment où je pourrais encore, sur cette terre, jouir de quelque plaisir, d'une ombre de bonheur. Dernièrement, à la promenade, je fis connaissance d'une demoiselle de B***, d'une famille noble, jeune personne fort aimable, qui a su conserver beaucoup de naturel au milieu d'une société sèche et guindée. Notre conversation nous plut réciproquement ; et lorsque nous nous séparâmes, je lui demandai la permission de la voir chez elle. Elle y consentit avec tant de grâce et de franchise, que j'eus peine à attendre l'heure convenable pour me présenter. Elle n'est point de cette ville, et loge chez une de ses tantes. La physionomie de la haute et puissante dame ne me plut point. Je lui témoignai les plus grands égards ; je lui adressai presque toujours la parole, et, en moins d'une demi-heure, je devinai ce que la jeune demoiselle me confirma bientôt : savoir, que la chère tante manquait de tout dans ses vieux jours ; qu'elle ne possédait, en fait de fortune, d'esprit et d'appui, rien, que la lignée de ses ancêtres ; retranchée derrière son rang, elle n'avait d'autre récréation que de laisser tomber, du haut de son balcon, un regard dédaigneux sur la bourgeoisie. Dans sa jeunesse, elle eut de la beauté ; elle passa la plus belle part de sa vie dans la dissipation, et tourmenta par ses caprices plus d'un pauvre jeune homme : l'âge mûr arrivé, elle subit le joug d'un vieil officier, qui, au prix d'une modique pension, voulut bien passer avec elle le siècle d'airain : il mourut : elle se trouve maintenant seule dans le siècle de fer ; et on ne la regarderait même pas, si sa nièce n'était pas si aimable.

LETTRE XLIII.

8 janvier 1772.

Quels hommes que ceux dont l'ame est tout entière dans le cérémonial, dont toutes les pensées, tous les efforts, pendant de longues années, tendent à obtenir à table une place plus avancée, ne fût-ce que d'un siége! Et cependant ils ne manquent pas d'occupations; non, au contraire, ils accumulent l'ouvrage, parce qu'ils perdent à des niaiseries le temps qu'il faudrait employer aux affaires importantes. C'est ce qui est arrivé, la semaine passée, à une course de traîneaux; toute la partie en fut troublée.

Les insensés! ils ne voient pas que la place ne fait proprement rien à l'affaire, et que celui qui occupe le premier rang joue si rarement le premier rôle! Que de rois sont gouvernés par un ministre! que de ministres par un secrétaire! Et qui donc est le premier? celui, ce me semble, qui domine tous les autres, et qui, soit par violence, soit par ruse, fait servir leurs facultés et leurs passions à l'accomplissement de ses projets.

LETTRE XLIV.

20 janvier.

Il faut que je vous écrive, Charlotte, ici, dans la salle d'un petit cabaret de campagne, où j'ai cherché un abri contre l'orage. Aussi long-temps que je me vois dans ce malheureux D***, entouré de gens étrangers! oh! oui, bien étrangers pour mon cœur, je n'ai pas un moment, pas un seul, où ce cœur sente le besoin de vous écrire: et maintenant, dans cette chaumière, dans ce réduit modeste et solitaire, dont la neige et la grêle viennent assaillir l'humble fenêtre, vous avez été ma première pensée. Dès que j'y entrai, je me retraçai votre image, votre souvenir, avec des couleurs si vraies, si vives! Grand Dieu! le premier instant de mon bonheur est revenu!

Si vous me voyiez, Charlotte, dans le tourbillon des affaires ! comme mes sens perdent leur énergie ! pas un moment pour les jouissances du cœur, pas une heure fortunée ! rien ! rien ! Je suis là comme à un spectacle de marionnettes : je vois défiler à mes yeux de petits hommes, de petits chevaux, et je me demande si ce n'est pas une illusion d'optique. Je suis acteur aussi, ou plutôt on me force d'aller comme un automate; et souvent je sens la main de bois de mon voisin, et je recule épouvanté. Le soir je me propose de jouir du lever du soleil, et le matin je reste au lit ; pendant la journée, je me promets d'admirer le clair de lune, et je ne quitte plus ma chambre. Je ne sais pas au juste pourquoi je me couche, pourquoi je me lève.

Le levain qui faisait fermenter ma vie, n'a plus de force ; le charme qui me tenait éveillé au milieu des nuits, et qui m'arrachait au sommeil le matin, est perdu pour moi.

J'ai trouvé ici un seul être qui méritât le nom de femme ; c'est mademoiselle de B*** ; elle vous ressemble, chère Lolotte, si l'on peut vous ressembler. « Ah ! direz-vous, le voilà

devenu complimenteur ! » Vous n'aurez pas
tout-à-fait tort : depuis quelque temps je deviens galant, parce que je ne puis être autre
chose ; j'ai beaucoup d'esprit, et les femmes
disent que personne n'a comme moi le talent
de louer (et de mentir, ajoutez-vous, car l'un
ne va pas sans l'autre, n'est-ce pas ?). Je voulais vous parler de mademoiselle de B***. Elle
a une belle ame, qui brille dans ses yeux bleus.
Son rang lui pèse ; il ne satisfait aucun des désirs de son cœur. Elle aspire à s'éloigner du
bruit, et nous passons bien des heures à rêver des scènes champêtres, un bonheur sans
mélange ; hélas ! à parler aussi de vous ! Combien de fois elle est forcée de vous rendre hommage ! Non, elle n'est pas forcée ; elle le fait
volontairement ; elle a tant de plaisir à m'entendre parler de vous ; elle vous aime.

Oh ! que ne suis-je assis à vos pieds dans
cette petite chambre retirée, où nos chers enfants sautilleraient autour de moi ! Lorsqu'ils
deviendraient trop bruyants pour vous, je les
rassemblerais, et un conte de fée bien effrayant
les ferait bientôt rester tranquilles.

Le soleil se couche majestueusement au-delà de ces hauteurs couvertes d'une neige éblouissante; l'orage est dissipé.... et moi....il faut que je rentre dans ma cage. Adieu! Albert est-il auprès de vous? et comment?.... Dieu me pardonne cette question!

LETTRE XLV.

8 février.

Nous avons depuis huit jours le temps le plus affreux, et je m'en trouve bien. Car, depuis que je suis ici, il n'y a pas eu un seul beau jour, qu'un importun ne soit venu le troubler ou l'empoisonner. Maintenant qu'il pleut, vente, gèle et dégèle, ah ! me dis-je, il ne peut faire plus mauvais à la maison qu'au dehors, ni aux champs qu'à la ville, et cela me suffit. Si le soleil, à son lever, promet une belle journée, je ne puis m'empêcher de m'écrier : Voilà donc encore un bienfait céleste que les hommes peuvent s'arracher. Il n'est rien au monde qu'ils ne s'envient. Santé, réputation, plaisir, tranquillité! et presque toujours par ineptie et petitesse d'esprit ; mais, si on voulait s'en rapporter à eux, c'est dans les meilleures intentions. Souvent je serais tenté de les supplier à genoux de ne pas déchirer leurs propres entrailles avec tant de fureur !

LETTRE XLVI.

17 février.

Je crains fort que l'ambassadeur et moi nous ne restions pas long-temps d'accord. Cet homme est tout-à-fait insupportable ; sa manière de travailler et de traiter les affaires est si ridicule, que je ne puis toujours m'empêcher de le contredire ; je m'avise souvent d'en faire à ma tête et à ma guise, et, comme de raison, il ne trouve jamais cela bien fait. Il s'en est plaint depuis peu à la cour ; le ministre m'adressa une réprimande, très-douce si l'on veut, mais ce n'en était pas moins une réprimande : je songeais à demander ma démission, lorsque je reçus de sa part une lettre confidentielle, une lettre devant laquelle je fléchis le genou, pour adorer l'esprit sage, noble, élevé, qui l'avait dictée (1). Comme il rectifie ma sensibilité trop susceptible ! comme il cherche non à extirper, mais seulement à modérer et à diriger vers un point où elles puissent se développer dans toute leur étendue, et avec un résultat avantageux, mes idées exagérées relatives à l'activité, à l'influence sur autrui, à la perspicacité dans les affaires ! et même, loin de blâmer cette exagération, il veut bien la louer, comme une noble ardeur de jeunesse. Aussi, ai-je pris du courage pour huit jours; je me suis réconcilié avec moi-même. La paix de l'ame est un vrai trésor. Cher ami, si cette pierre précieuse n'était pas aussi fragile qu'elle est belle et brillante !

(1) Par respect pour cet homme distingué, on a supprimé du recueil cette lettre, ainsi qu'une autre encore dont il sera question plus tard; la vive reconnaissance du public n'eût pas été une excuse suffisante pour une pareille indiscrétion.

(*Note de l'auteur allemand.*)

LETTRE XLVII.

20 février.

Dieu vous comble de bénédictions, mes chers amis ! Puisse-t-il vous accorder tous les jours heureux qu'il m'enlève !

Je te remercie, Albert, de m'avoir trompé. J'attendais l'annonce du jour où vous seriez unis; je m'étais proposé de détacher solennellement du mur, ce même jour, la silhouette de Charlotte, et de l'ensevelir sous d'autres papiers. Vous voilà mariés, et son image est encore ici ! Elle y restera ! et pourquoi non ? Je le sais, mon image aussi est chez vous; elle est, sans te nuire, dans le cœur de Charlotte; j'y possède, oui, j'y possède la seconde place; je veux et je dois la conserver. Oh ! je deviendrais furieux si elle pouvait m'oublier !.. Albert, l'enfer est au fond de cette pensée ! Adieu, Albert ! et toi, ange du ciel, adieu ! adieu, Charlotte !

LETTRE XLVIII.

15 mars.

J'ai éprouvé une humiliation qui me chassera d'ici! Je grince les dents. Par l'enfer! elle est irréparable, et vous seul en êtes cause, vous qui m'avez aiguillonné, excité, tourmenté, pour me faire accepter un emploi qui ne me convenait pas. Je l'ai accepté! soyez satisfaits! Et afin que tu ne dises pas encore une fois que mes idées exaltées gâtent tout, lis, dans ses moindres détails, un récit aussi exact, aussi clair, que si tu le devais à un auteur de chroniques.

Le comte de C*** me chérit, me distingue; c'est un fait connu, je te l'ai déjà dit cent fois. Je dînais hier chez lui; c'était son jour d'assemblée. Dans la soirée, il recevait les nobles et les grandes dames de la ville; je n'y avais pas songé; je n'avais pas songé davantage qu'il n'est pas permis à nous autres subalternes d'assister à une semblable réunion. Il suffit ! je dînai donc chez le comte ; après le repas, nous passons au salon, que nous parcourons dans tous les sens : je cause avec le comte, et avec le colonel de B*** qui s'était joint à nous : l'heure de l'assemblée arrive ; Dieu sait si j'y avais pensé. Je vois entrer haute et puissante dame de S***, avec son noble époux, et leur fille, véritable oison, à la poitrine sèche, à la taille de guêpe : en passant, leurs yeux augustes me lancent un dédaigneux regard, et leurs nobles narines même expriment l'indignation. Comme cette race ne me plaît pas du tout, je voulus me retirer ; et j'attendais, pour prendre congé, que le comte fût débarrassé de leurs bruyantes salutations, lorsque mademoiselle de B*** entra. Toujours, à sa vue, mon cœur s'épanouit ; je restai donc et je me plaçai derrière sa chaise : au bout de quelque temps je m'aperçus qu'elle me parlait d'un air moins ouvert que de coutume, et même avec quelque embarras. Cela me surprit. Serait-elle donc aussi comme tous ces gens-là ? me dis-je. J'étais piqué, et je voulais sortir ; cependant je restai encore : j'aurais désiré qu'elle se justifiât ; je ne la croyais pas coupable, j'espérais une parole amicale, et... tout ce que tu voudras. Le cercle s'agrandit bientôt : je vois arriver à la file le baron de F*** avec une toilette contemporaine du couronnement de François 1ᵉʳ ; le conseiller d'État R***, qui, dans sa qualité officielle, fait précéder son nom de la noble particule, et s'appelle M. *de* R***, accompagné de sa sourde moitié ; sans oublier le ridicule J***, qui réunit les débris d'une antique garde-robe aux colifichets de la mode nouvelle. J'adresse la parole à quelques personnes de ma connaissance ; je les trouve toutes fort laconiques. Je ne pensais, je ne prenais garde qu'à mademoiselle de B***.

Je ne remarquais pas que les femmes, à l'autre extrémité du salon, se chuchotaient à l'oreille ; que leurs propos circulaient parmi les hommes ; que madame de S*** était en conversation sérieuse avec le comte (mademoiselle de B*** me raconta tout cela depuis). Enfin, le comte s'avança vers moi et m'emmena dans l'embrasure d'une fenêtre. « Vous connaissez, me dit-il, nos usages bizarres ; il me semble que l'assemblée n'est pas contente de vous voir ici : je ne voudrais pour rien au monde... — Je demande mille pardons à votre excellence, lui répondis-je ; j'aurais dû y songer plus tôt ; mais je suis sûr qu'elle excusera cette étourderie. J'ai déjà voulu me retirer ; un mauvais génie m'en a empêché, » ajoutai-je en riant, et en le saluant. Le comte me serra la main d'une manière qui disait tout. Je me glissai doucement hors de l'illustre assemblée ; je montai en cabriolet et me rendis à M***. Là, du haut de la colline, je vis le coucher du soleil, et je lus ce magnifique chant d'Homère, où Ulysse reçoit l'hospitalité chez les bons pâtres. Tout cela était au mieux.

Le soir, je revins en ville pour souper. Peu de personnes encore se trouvaient dans la salle de l'auberge : elles avaient relevé la nappe et jouaient aux dés. Je vois entrer le bon Adelin ; en déposant son chapeau, il me regarde ; il vient ensuite à moi, et me dit à voix basse : « Tu as eu du désagrément?—Moi ! repartis-je. —Le comte t'a fait sortir de l'assemblée?—Au diable l'assemblée ! m'écriai-je ; j'étais bien aise de respirer le grand air ! — A la bonne heure ! dit-il, si tu le prends aussi légèrement : je suis seulement fâché que l'affaire soit connue partout. » Je commençai dès-lors à me sentir mal à mon aise : tous ceux qui venaient se mettre à table jetaient les yeux de mon côté ; je m'imaginai qu'ils me regardaient ainsi, parce qu'ils connaissaient mon aventure. Cela me fit bouillir le sang.

Aujourd'hui, partout où je vais, on me témoigne de la compassion ; j'entends que mes envieux triomphent et qu'ils disent : « Voilà ce qui doit arriver à ces présomptueux qui s'enorgueillissent d'un peu d'esprit, et se croient le droit de passer par-dessus les bienséances, » et tant d'autres bêtises de ce genre. On s'enfoncerait volontiers un couteau dans le cœur ! on a beau vanter la fermeté et la constance ; je voudrais savoir quel homme endurerait les propos de sots drôles, lorsqu'ils ont de l'avantage sur lui. Oh ! quand leur bavardage n'est fondé sur rien, alors il n'est pas difficile de les laisser dire.

LETTRE XLIX.

16 mars.

Tout m'est contraire. Je rencontrai aujourd'hui mademoiselle de B*** à la promenade; je ne pus m'empêcher de l'aborder, et aussitôt que nous fûmes un peu éloignés de la compagnie, je lui témoignai combien j'étais sensible à la conduite qu'elle avait tenue dernièrement à mon égard. « Oh! Werther, me dit-elle d'un ton ému, avez-vous pu interpréter ainsi mon trouble, vous qui connaissez mon cœur? Que n'ai-je point souffert pour vous dès l'instant de mon entrée au salon! Je savais que les dames de S*** et de T*** aimeraient mieux quitter la réunion avec leurs maris, que de rester dans votre société. Je savais que le comte ne se brouillerait pas avec elles; et maintenant tout cet éclat!...—Comment, mademoiselle! » répondis-je en cachant mon émotion ; car tout ce que m'avait dit Adelin l'avant-veille circulait dans mes veines comme de l'eau bouillante. « Combien il m'en a coûté ! » ajouta cette aimable et douce personne les larmes aux yeux. » Je n'étais plus maître de moi ; j'allais me jeter à ses pieds. « Expliquez-vous ! » m'écriai-je. Les larmes inondaient ses joues ; j'étais hors de moi ; elle les essuya, sans chercher à les cacher. « Vous connaissez ma tante ; elle était présente ; et, reprit-elle, de quel œil elle a vu tout cela ! Werther, hier au soir et ce matin il m'a fallu essuyer un sermon sur ma liaison avec vous ; il m'a fallu vous entendre maltraiter, humilier, et je n'ai pu et n'ai osé vous défendre qu'à demi. »

Chacune de ses expressions était pour mon cœur un coup de poignard. Elle ne sentait pas combien il eût été charitable de me taire tout cela. Elle ajouta, de plus, combien on allait encore en parler, combien une certaine classe de gens en triompherait ; combien on se réjouirait de voir punis mon orgueil et mon dédain pour les autres, que depuis long-temps on me reprochait. Entendre tout cela de sa bouche, mon ami, avec l'expression de l'intérêt le plus vrai! J'étais anéanti ; j'en suis encore furieux. Je voudrais que quelque insolent me donnât le droit de lui passer mon épée au travers du corps : si je voyais du sang, je me trouverais mieux. Ah ! j'ai saisi plus de cent fois un couteau pour soulager ce cœur oppressé. On raconte d'une noble race de chevaux, que lorsqu'ils se sentent échauffés par une course forcée, ils s'ouvrent, par instinct, la veine avec les dents, pour respirer librement : je suis de même ; j'aurais bien besoin de m'ouvrir la veine pour retrouver la liberté éternelle.

LETTRE L.

24 mars.

J'ai demandé ma démission à la cour, et j'espère l'obtenir; vous me pardonnerez si je n'ai pas d'abord sollicité votre assentiment. Il faut que je parte : je sais tout ce que vous me diriez pour me persuader de rester; ainsi... tâche de faire avaler cela tout doucement à ma mère. Je ne puis me satisfaire moi-même ; il faut bien qu'elle se résigne, si je ne puis la contenter. A la vérité, elle doit s'en affliger. Voir son fils s'arrêter tout à coup au beau milieu de la route qui le menait tout droit au conseil privé et aux ambassades ; le voir revenir et remettre à l'écurie sa modeste monture ! Faites-en ce qui vous plaira ; combinez tous les cas possibles qui m'auraient pu faire rester; il suffit ! je pars ; et afin que vous sachiez où je vais, je vous dirai que le prince***, qui est ici, a pris grand plaisir à ma conversation : dès qu'il a entendu parler de mon projet, il m'a prié de l'accompagner dans ses terres, et d'y passer les beaux jours du printemps. Je serai tout-à-fait libre de mes actions ; il me l'a promis : et comme nous nous entendons jusqu'à un certain point, je veux bien en courir les risques, et je pars avec lui.

LETTRE LI.

19 avril.

Post-scriptum.

Je te remercie de tes deux lettres. Je n'y ai point répondu, parce que j'ai gardé la mienne jusqu'à ce que je reçusse mon congé de la cour; je craignais que ma mère ne s'adressât au ministre, et ne contrariât mes desseins. Mais à présent c'est fini, voilà ma démission. Je ne vous dirai pas avec quelle répugnance on me l'a donnée, ni ce que m'écrit le ministre : plus que jamais vous éclateriez en lamentations. Le prince héréditaire m'a fait passer une gratification de vingt-cinq ducats, avec un billet qui m'a touché jusqu'aux larmes. Je n'ai donc plus besoin de l'argent pour lequel j'écrivis dernièrement à ma mère.

LETTRE LII.

5 mai.

Demain je partirai d'ici. Comme le lieu de ma naissance n'est qu'à six milles du chemin, je veux le revoir : je veux me rappeler ces premiers jours de bonheur, évanouis comme un songe. J'entrerai par cette même porte qui nous vit sortir, ma mère et moi, lorsque après la mort de mon père elle quitta cette retraite chérie, pour s'enfermer dans votre ville. Adieu, mon ami ; je te donnerai des nouvelles de mon voyage.

LETTRE LIII.

9 mai.

J'ai fait ma visite à mon pays natal avec tout le recueillement d'un pèlerin. Que de sentiments inattendus se sont emparés de moi! Près d'un grand tilleul qui se trouve à un quart de lieue de la ville, sur la route de S***, je fis arrêter; je descendis, et j'ordonnai au postillon d'aller en avant, afin de jouir mieux, à pied, de chaque souvenir nouveau qui se présenterait à mon ame. Je m'arrêtai sous ce tilleul, jadis le but et la limite de mes promenades. Quel changement! Autrefois, dans mon heureuse ignorance, je m'élançais au sein d'un monde inconnu, où j'espérais trouver pour mon cœur tant d'aliments, tant de jouissances; où je me flattais de remplir, de calmer mon ame agitée. Et maintenant, je reviens de ce monde!... ô mon ami, avec combien d'espérances renversées! avec combien de plans détruits! Je voyais devant moi la montagne qui fut mille fois l'objet de mes vœux. Là, je passais des heures entières, je m'asseyais; mon esprit exalté franchissait l'espace, et allait se perdre dans les bois, dans les vallons charmants dont l'aspect réjouissait mes yeux; et quand il fallait m'en aller au temps prescrit, combien j'avais de peine à quitter cet endroit délicieux! J'approchai de la ville; je saluai tous les jardins, tous les pavillons que j'avais connus autrefois. Les nouvelles constructions me choquaient; les changements que l'on avait faits en quelques endroits me déplaisaient. Je passai la porte; aussitôt je me retrouvai tout entier. Mon ami, je ne peux pas m'arrêter aux détails; autant mes sensations étaient ravissantes, autant le récit en serait monotone. J'avais décidé de me loger sur le marché, tout à côté de notre ancienne maison. En m'y rendant, je remarquai que l'école où une brave vieille femme nous parquait comme des moutons était remplacée par une boutique d'épicier. Je me rappelai l'inquiétude, les larmes, les angoisses qui m'avaient accablé dans ce petit espace. Chaque pas que je faisais avait quelque intérêt pour moi.

Le pèlerin qui visite les saints lieux n'éprouve pas autant d'émotions profondes et religieuses; son cœur est moins rempli de souvenirs touchants. Je te citerai un exemple entre mille. Je descendis la rivière jusqu'à un certain point : c'était jadis par là que je passais ; là, mes camarades et moi, nous nous exercions à qui ferait faire à sa pierre le plus de ricochets sur l'eau. Comme ma mémoire me retraça vivement les heures où je restais à suivre de l'œil le cours de cette rivière, où ma pensée se laissait entraîner avec ses eaux ! Comme je me représentais, sous des couleurs romanesques, les contrées qu'elles allaient arroser ! et comme tout à coup mon imagination se sentait borner ! et cependant je la forçais à se porter plus en avant, et toujours plus en avant, jusqu'à ce que je me perdisse dans la contemplation d'un imperceptible lointain. Vois, mon ami, c'étaient là les limites où se resserraient nos heureux et respectables aïeux ! Leurs sentiments, leur poésie, tout respire la naïveté de l'enfance ! Quand Ulysse parle de la mer incommensurable, de la terre sans limites, que cela est vrai, naturel à l'homme, plein de conviction et d'imposants mystères! De quoi me sert-il de pouvoir répéter aujourd'hui, avec tout écolier, que cette terre est ronde? Quelques pelletées suffisent à chaque mortel pour exister à la surface ; il lui en faut moins encore pour couvrir ses restes.

Je suis maintenant à la maison de chasse du prince. Il est d'un commerce facile ; son caractère est simple et vrai. De singuliers personnages l'entourent : je n'y comprends rien ; ils n'ont pas l'air de fripons, ils n'ont cependant pas non plus le maintien d'honnêtes gens. Parfois leur mine me paraît assez franche, et cependant je ne puis me fier à eux. Ce qui me fait aussi de la peine, c'est que le prince parle souvent de choses qu'il a seulement lues ou entendu dire, et toujours sous le même point de vue que d'autres lui ont présenté.

Il fait aussi plus de cas de mon esprit et de mes talents, que de ce cœur qui cependant est ma seule gloire, qui est la source de tout, de mon énergie, de ma félicité, de mes peines! Ah! ce que j'ai de science, tout le monde peut l'avoir!... Mon cœur n'appartient qu'à moi!

LETTRE LIV.

25 mai.

J'avais en tête un plan dont je ne voulais vous parler que lorsqu'il serait accompli ; puisqu'il n'en sera rien, je puis à présent vous le dire. Je voulais aller à la guerre ; ce dessein m'a tenu longtemps au cœur : c'était la principale raison qui me fit accompagner le prince ; il est général au service de ***. Dans une de nos promenades, je lui découvris mon projet ; il me conseilla d'y renoncer ; et il y aurait eu encore plus d'entêtement que de caprice de ma part, si je ne m'étais rendu à ses raisons.

LETTRE LV.

11 juin.

Dis ce que tu voudras; je ne puis rester plus long-temps. Que ferais-je ici? Le temps me pèse. Le prince me traite aussi bien qu'il est possible; et cependant je ne me sens pas à mon aise. Au fond, nous n'avons rien de commun ensemble. C'est un homme d'esprit, mais son esprit est des plus vulgaires: je n'ai pas plus de plaisir à sa conversation, que si je lisais un livre bien écrit. Je resterai encore huit jours, et puis je recommencerai mes courses incertaines. Ce que j'ai fait de mieux ici, ce sont mes dessins. Le prince a le sentiment des beaux-arts; il serait même un amateur distingué, s'il était plus dégagé des règles pédantesques, et d'une terminologie routinière. Quelquefois je grince les dents d'impatience, lorsque je cherche à le ramener, par ma vive imagination, à la nature, à l'art véritable ; et qu'au moment même il croit réussir à merveille, en venant échouer contre un mot technique bien ronflant.

FIN DU TOME PREMIER.

Noms des Auteurs

Composant la Collection

DES MEILLEURS ROMANS

FRANÇAIS ET ÉTRANGERS,

EN 132 VOLUMES IN-32.

ROMANS FRANÇAIS.

Élie de Beaumont, 2 vol. Cottin, 12 vol. Graffigny, 1 vol. Marguerite de Valois, 5 vol. Lafayette, 4 vol. Riccoboni, 3 vol. Amyot, 1 vol. Boufflers, 1 vol. Cazotte, 3 vol. Florian, 4 vol. Hamilton, 4 vol. Lesage, 8 vol. Marivaux, 5 vol. Mirabeau, 6 vol. Montesquieu, 3 vol. L'abbé Prévost, 8 vol. J.-J. Rousseau, 6 vol. Scarron, 4 vol. Saint-Lambert, 1 vol. Tressan, 9 vol.

ROMANS ÉTRANGERS.

Cooper, 6 vol. Miss Inchbald, 4 vol. Fielding, 6 vol. Daniel Foë, 4 vol. Foscolo, 2 vol. Goethe, 2 vol. Goldsmith, 2 vol. Godwin, 4 vol. Johnson, 2 vol. Sterne, 8 vol. Swift, 2 vol.

www.ingramcontent.com/pod-product-compliance
Lightning Source LLC
Chambersburg PA
CBHW071946110426
42744CB00030B/591